Künstliche Intelligenz zur Einführung

Sebastian Rosengrün

Künstliche Intelligenz zur Einführung

JUNIUS

Junius Verlag GmbH
Stresemannstraße 375
22761 Hamburg
www.junius-verlag.de

Umschlaggestaltung: Florian Zietz
Titelbild: © Sebastian Rosengrün
Satz: Junius Verlag GmbH
Printed in the EU 2024
ISBN 978-3-96060-323-8
2., ergänzte Aufl. 2024

Bibliografische Information der Deutschen Nationalbibliothek
Die Deutsche Nationalbibliothek verzeichnet diese Publikation in der Deutschen Nationalbibliografie; detaillierte bibliografische Daten sind im Internet über http://dnb.dnb.de abrufbar.

Zur Einführung …

… hat diese Taschenbuchreihe seit ihrer Gründung 1977 gedient. Zunächst als sozialistische Initiative gestartet, die philosophisches Wissen allgemein zugänglich machen und so den Marsch durch die Institutionen theoretisch ausrüsten sollte, wurden die Bände in den achtziger Jahren zu einem verlässlichen Leitfaden durch das Labyrinth der neuen Unübersichtlichkeit. Mit der Kombination von Wissensvermittlung und kritischer Analyse haben die Junius-Bände stilbildend gewirkt.

Seit den neunziger Jahren reformierten sich Teile der Geisteswissenschaften als Kulturwissenschaften und brachten neue Fächer und Schwerpunkte wie Medienwissenschaften, Wissenschaftsgeschichte oder Bildwissenschaften hervor. Auch im Verhältnis zu den Naturwissenschaften sahen sich die traditionellen Kernfächer der Geisteswissenschaften neuen Herausforderungen ausgesetzt. Diesen Veränderungen trug eine Neuausrichtung der Junius-Reihe Rechnung, die seit 2003 von der verstorbenen Cornelia Vismann und zwei der Unterzeichnenden (M.H. und D.T.) verantwortet wurde.

Ein Jahrzehnt später erweisen sich die Kulturwissenschaften eher als notwendige Erweiterung denn als Neubegründung der Geisteswissenschaften. In den Fokus sind neue, nicht zuletzt politik- und sozialwissenschaftliche Fragen gerückt, die sich produktiv mit den geistes- und kulturwissenschaftlichen Problemstellungen vermengt haben. So scheint eine erneute Inventur der Reihe sinnvoll, deren Aufgabe unverändert darin besteht, kompetent und anschaulich zu vermitteln, was kritisches Denken und Forschen jenseits naturwissenschaftlicher Zugänge heute zu leisten vermag.

Zur Einführung ist für Leute geschrieben, denen daran gelegen ist, sich über bekannte und manchmal weniger bekannte Autor(inn)en und Themen zu orientieren. Sie wollen klassische Fragen in neuem Licht und neue Forschungsfelder in gültiger Form dargestellt sehen.

Zur Einführung ist von Leuten geschrieben, die nicht nur einen souveränen Überblick geben, sondern ihren eigenen Standpunkt markieren. Vermittlung heißt nicht Verwässerung, Repräsentativität nicht Vollständigkeit. Die Autorinnen und Autoren der Reihe haben eine eigene Perspektive auf ihren Gegenstand, und ihre Handschrift ist in den einzelnen Bänden deutlich erkennbar.

Zur Einführung ist in der Hinsicht traditionell, dass es den Stärken des gedruckten Buchs – die Darstellung baut auf Übersichtlichkeit, Sorgfalt und reflexive Distanz, das Medium auf Handhabbarkeit und Haltbarkeit – auch in Zeiten liquider Netzpublikationen vertraut.

Zur Einführung bleibt seinem ursprünglichen Konzept treu, indem es die Zirkulation von Ideen, Erkenntnissen und Wissen befördert.

Michael Hagner
Ina Kerner
Dieter Thomä

Inhalt

Vorwort

Dieses Buch führt nicht in Künstliche Intelligenz, sondern in das Nachdenken über Künstliche Intelligenz ein. Gerade deshalb ist es technisch anspruchsvoll. Wenngleich ich die technischen Grundlagen von KI in diesem Buch möglichst verständlich und präzise erklären will, darf es auch als eine Einladung an die Leser verstanden werden, sich selbst mit der Programmierung von KI zu befassen. Es gibt hervorragende Online-Kurse[1], die ihre Teilnehmer schnell mit der wichtigsten Erkenntnis belohnen: Magie ist das alles nicht.

Das Nachdenken über KI ist jedoch auch philosophisch anspruchsvoll. Es muss Theorien, Argumente, Hypothesen, Begriffe und Ergebnisse aller Teildisziplinen der Philosophie, aber auch aus den Geistes-, Sozial-, Rechts- und Wirtschaftswissenschaften sowie technischen und naturwissenschaftlichen Disziplinen und der tagespolitischen wie ökonomischen Realität verstehen, sortieren, auswerten und anwenden. Dies macht mein Vorhaben vielseitig und komplex. Ich beanspruche daher keine historische Vollständigkeit, sondern strebe eine weitgehend systematische Vollständigkeit an. Das heißt, dass ich alle mir relevant scheinenden Fragen und Positionen aufzeige, auch solche, die bisher kaum diskutiert werden. Ich erwähne nicht jeden jemals veröffentlichten Aufsatz, sondern beschränke mich auf wichtige Strömungen und erlaube mir Vereinfachungen und Verknappungen einiger Positionen. Dazu zähle ich vor allem popkulturelle Verständnisse von KI sowie biochemische und genetische Verfahren, um Intelligenz künstlich zu kreieren (sog. *Artificial Life*). Diese werfen teils ganz andere Fragen und Probleme auf, die ich in diesem Buch nicht thematisiere. Der hier vorausgesetzte KI-Begriff beschränkt sich auf KI im Sinne der Informatik.

Nach einem Grundriss zur Geschichte der KI-Forschung erkläre ich im ersten Kapitel einige technische Begriffe sowie die grundlegende Funktionsweise von *Machine Learning* basierend auf *Neuronalen Netzen* (ML/NN) möglichst verständlich und präzise. Darauf aufbauend frage ich aus ontologischer Perspektive, was KI eigentlich ist. Im zweiten Kapitel führe ich durch die vielfältige Diskussion um Denken, Intentionalität, Bewusstsein, Emotionen und Kreativität von Menschen und Maschinen und zeige Probleme und Konsequenzen verschiedener Positionen auf. Im dritten Kapitel arbeite ich kritisch das in der gegenwärtigen Diskussion um Trans- und Posthumanismus, Singularität und Superintelligenz vorherrschende Menschenbild heraus und zeige, warum bestimmte Vorstellungen von KI soziale Beziehungen und die Einzigartigkeit menschlicher Erfahrung unterminieren. Im vierten Kapitel analysiere ich den Themenkomplex »KI und Ethik«. Ich beschäftige mich dafür u.a. mit wichtigen Aspekten des Handlungs- und Moralbegriffs und zeige nicht nur, warum KI nicht handeln kann, sondern auch, warum Technik notwendig moralisch ist. Abschließend diskutiere ich im fünften Kapitel wesentliche gesellschaftliche Herausforderungen der KI, vor allem im Hinblick auf Vorhersagealgorithmen und den Verantwortungsbegriff sowie Überwachung im digitalen Kapitalismus und die Möglichkeiten und Grenzen von Regulierung. Ich schließe mit eigenen Gedanken zur Bildung und Wissenschaft, wobei ich mich explizit auf den Humanismus berufe, den ich ansonsten allenfalls implizit voraussetze.

Ich wünsche mir, dass die Leser diesem Buch gegenüber genauso kritisch sind, wie sie es gegenüber allem sein sollten, was in

Politik, Wirtschaft, Journalismus und Wissenschaft zu KI behauptet, versprochen, befürchtet und geschrieben wird. Vor allem wünsche ich mir, dass es sich auch dann mit Gewinn lesen lässt, wenn man mir nicht in allen Punkten zustimmt. Dieses Buch ist damit nicht nur Einführung, sondern auch Einladung zu einer Debatte über Künstliche Intelligenz.

Ich danke der CODE University of Applied Sciences in Berlin für das inspirierende Arbeitsumfeld, aus dem heraus dieser Band entstehen konnte. Den Menschen in unserer Community (jenseits ihrer Funktion, ihres Status und ihres fachlichen Hintergrunds) danke ich für all die Gespräche, Diskussionen, Anregungen, Kritikpunkte, Vorträge, Seminare und Projekte, von denen ich in vielfacher Hinsicht profitiert habe.

Besonders danke ich Frank Trollmann für die Programmiernachhilfe und wertvolle Kommentare zu zahlreichen technischen Aspekten des Manuskripts. Ebenso danke ich Fabian Geier, Thomas Heichele und Uwe Voigt für unzählige bereichernde Gespräche, Denk- und Leseanregungen, Projekte und Ideen zur Technikphilosophie und weit darüber hinaus sowie ihre wertvollen Kommentare zum Manuskript.

Dem Junius Verlag und meinem Lektor Steffen Herrmann danke ich für die hervorragende Zusammenarbeit. Meinen Eltern Josef und Edelgard Krebs danke ich dafür, mich und meine Arbeit immer unterstützt zu haben.

Über all dem steht mein Dank an meine Frau Helena Rosengrün. Nicht nur, weil du mich Zeile für Zeile durch dieses Buch begleitet hast, sondern vor allem, weil du mir jeden Tag beweist, wozu Computer niemals fähig sein werden.

1. Was ist Künstliche Intelligenz?

1.1 Historischer Abriss

Der Begriff Künstliche Intelligenz (KI) geht auf den Logiker und Informatiker John McCarthy zurück, der mit Marvin Minsky, Nathaniel Rochester und Claude Shannon im Jahr 1956 einen zweimonatigen Sommerworkshop am Dartmouth College organisierte. In ihrem Forschungsantrag an die Rockefeller Foundation schlagen sie vor,

> »ein Seminar zur künstlichen Intelligenz [...] durchzuführen. Die Studie soll von der Annahme ausgehen, dass grundsätzlich alle Aspekte des Lernens und anderer Merkmale der Intelligenz so genau beschrieben werden können, dass eine Maschine zur Simulation dieser Vorgänge gebaut werden kann. Es soll versucht werden, herauszufinden, wie Maschinen dazu gebracht werden können, Sprache zu benutzen, Abstraktionen vorzunehmen und Konzepte zu entwickeln, Probleme von der Art, die zurzeit dem Menschen vorbehalten sind zu lösen, und sich selbst weiter zu verbessern.« (McCarthy u.a. 2006, S. 12)[2]

KI hat ihren Ursprung also als Schlagwort im Drittmittelantrag für diesen berühmten ersten Workshop zur Simulation menschlichen Lernens mithilfe von Maschinen.

Stuart Russell und Peter Norvig schreiben in ihrem Standardwerk zur KI, dass »computational rationality« der »more precise and less threatening« (je 2016, S. 17, Fn. 10) Begriff für das Vorhaben gewesen wäre, jedoch Norbert Wieners damals weit beachtete Regelungstechnik nicht auf Computern basierte und McCarthy deshalb den KI-Begriff vorgezogen habe.

In der Pionierzeit der KI (1950er und 1960er Jahre) bildeten sich zwei wesentliche Forschungsansätze heraus: symbolische KI und konnektionistische KI (vgl. Franklin 2018). In der symbolischen KI geht es um die computergestützte Verarbeitung von Symbolen nach vorgegebenen Regeln (insbesondere denen der seit Anfang des 20. Jahrhunderts verbreiteten formalen Logik), während konnektionistische KI (*connectionism*, auch *parallel distributed processing* und *neural computation* genannt) darauf abzielt, Intelligenz in Form von neuronalen Netzen, basierend auf einem Neuronenmodell, zu simulieren (vgl. Kap. 1.2 und 1.3). Vereinfacht gesagt: Symbolische KI versucht, die Denkabläufe eines Menschen anhand von Informationsstrukturen und Algorithmen (vgl. Kap. 1.2) abzubilden. Konnektionistische KI versucht, die Struktur des Gehirns (präziser: die Mikrostruktur des zentralen Nervensystems) selbst nachzubilden.[3] Beide Ansätze haben beachtliche Erfolge erreicht, z.B. Marvin Minskys und Dean Edmonds' Programm SNARC von 1951, das auf den Arbeiten von Warren McCulloch und Walter Pitts (1943) basiert und weithin als erstes künstliches neuronales Netz gilt[4], sowie Arthur Samuels Dame-Programm von 1959.

Paradoxerweise leitete Minsky selbst Ende der 1960er Jahre den ersten »KI-Winter« (auch Neuronaler-Netz-Winter) ein, nachdem er in *Perceptrons* (1969, gemeinsam mit Seymour Papert) aufzeigte, warum künstliche Neuronen nicht lernfähig seien. Regierungen und Forschungseinrichtungen kürzten daraufhin die Fördergelder für konnektionstische KI-Projekte drastisch, wenngleich sich Minksys Annahme später als falsch herausstellte.

Ab den 1970er Jahren konzentrierte sich die Forschung daher auf symbolische KI. Insbesondere Sprachverarbeitung (*Natural Language Processing*, vgl. Kap. 1.2) rückte in den Fokus, und Programme wie Joseph Weizenbaums ELIZA (1966), Terry Winograds SHRDLU (1971; 1972) oder das Geschichten-Verständnis-Programm von Roger Schank und Robert Abelson (1977) erlangten große Aufmerksamkeit.

Wirtschaftsnobelpreisträger Herbert Simon sagte im Zuge einer politischen, gesellschaftlichen und wissenschaftlichen Welle der Euphorie Mitte der 1960er Jahre voraus, dass Maschinen innerhalb der folgenden zwanzig Jahre jede Arbeit erledigen können würden, die ein Mensch erledigen kann (vgl. Simon 1965, S. 96). Jedoch war der technische Fortschritt deutlich zäher, sodass ab Mitte der 1980er Jahre im Zuge allgemeiner Ernüchterung kaum noch in symbolische KI investiert wurde. Diese Zeit gilt als der eigentliche KI-Winter, nachdem bereits Ende der 1960er Jahre die konnektionistische KI ihren ersten Winter erlebt hatte.

Erst seit Mitte der 1990er Jahre ist KI (sowohl konnektionistische als auch symbolische KI) wieder ein Mainstream-Thema in Forschung und Wirtschaft und durch spektakuläre Fortschritte auch wieder in der öffentlichen Debatte: 1997 schlägt IBMs Deep Blue Schachweltmeister Gary Kasparov, 2011 gewinnt IBMs Watson im Fernsehquiz *Jeopardy*, und 2016/2017 schlägt Googles DeepMind-Anwendung AlphaGo Lee Sedol und weitere Spitzenspieler im Go. Insbesondere im Zusammenspiel mit Big Data (also der Möglichkeit zur Speicherung und Verarbeitung großer Datensätze, vgl. Kap. 1.2) hat KI seither Produktions- und Logistikprozesse optimiert und massiven Einzug in unseren Alltag gehalten (vgl. Kap. 5). Der KI-gestützte Roboter Sophia erhält 2017 sogar Bürgerrechte in Saudi-Arabien, und China bereitet seit einigen Jahren ein KI-basiertes Sozialkreditsystem zur Überwachung und Kontrolle seiner Bevölkerung vor. Ferner sind mit

KI unzählige Hoffnungen und Ängste verbunden, bis hin zur erwarteten Transformation des Menschen in eine neue, technisch überlegene Spezies (Trans-/Posthumanismus) oder der Unterwerfung des Menschen durch eine umfassende »Superintelligenz« (vgl. Kap. 3). Interdisziplinäre Forschungsgruppen wie das von der EU initiierte Human Brain Project arbeiten daran, Intelligenz und Kognition mithilfe von KI besser zu verstehen, indem sie menschliche Gehirne durch künstliche neuronale Netze simulieren[5], während unzählige Start-ups ganz verschiedene auf KI basierende Alltagsanwendungen entwickeln.

Je vielfältiger KI jedoch eingesetzt wird, desto unklarer ist es, was darunter überhaupt zu verstehen ist. KI ist heute vor allem ein Modewort – gleichermaßen beliebt in der Politik, der Wirtschaft und in der Wissenschaft auch jenseits der Informatik. Während seine inflationäre Verwendung häufig die Innovationskraft derer unterstreichen soll, die es im Munde führen, drückt der Gebrauch des KI-Begriffs manchmal mehr Unkenntnis als Sachverstand aus, insbesondere dann, wenn er *pars pro toto* für Digitalisierung steht.

Auch in der Wissenschaft gibt es unterschiedliche Definitionsversuche, die sich in zwei Zweige untergliedern lassen: zum einen KI als interdisziplinäres Forschungsfeld, das menschliche (oder allgemein: natürliche) Intelligenz und kognitive Prozesse mithilfe von computergestützten, logischen, mathematischen und naturwissenschaftlichen Verfahren untersucht, modelliert, simuliert oder gar repliziert. Joseph Weizenbaum (2001, S. 38–40) nennt dies polemisch den »Zweig der Ideologen«; historisch wird er auch als »kognitive Simulation« bezeichnet (vgl. u.a. Dennett 2017, S. 125). Zum anderen kann KI als Bereich beziehungsweise spezifische Technik(en) der Softwareentwicklung und somit Teildisziplin der Informatik angesehen werden (vgl. Frankish/Ramsey 2018; Mainzer 2019; Nilsson 2009; Russell/

Norvig 2016). Weizenbaum nennt dies den »Zweig der Aktivisten«.

Ich nehme mit diesem Buch den zweiten Ansatz in den Blick, wobei sich selbstverständlich auch aus dieser Perspektive wichtige Fragen zur menschlichen (natürlichen?[6]) Intelligenz und Kognition ergeben. Ohnehin waren, wie u.a. Daniel Dennett richtig anmerkt, »die jüngsten Durchbrüche in der KI [...] weitgehend das Ergebnis davon, dass man sich von menschlichen Denkprozessen [...] abwandte und die [...] Fähigkeiten von Supercomputern benutzte, *ohne* zu versuchen, diese Computer auch verstehen zu lassen« (2017, S. 125, Hervorh. im Orig.).

Um nicht in die populäre Falle von KI als Modewort zu tappen (oder KI mit androiden Robotern zu verwechseln, vgl. Kap. 1.2), werden zunächst wichtige Grundbegriffe erläutert, wobei ich im weiteren Verlauf das Paradox des KI-Begriffs verdeutlichen werde, aufgrund dessen ich es vorziehe, spezifischer von bestimmten Bereichen der Softwareentwicklung (die gemeinhin unter KI subsumiert werden) als von KI zu sprechen. Dies trägt meines Erachtens wesentlich zur Versachlichung der Debatte bei, was etwa Jerry Kaplan auf den Punkt bringt: »Had artificial intelligence been named something less spooky, we'd probably worry about it less.« (2017; vgl. Lenzen 2018, S. 18)

1.2 Grundbegriffe

Laut Stuart Russell und Peter Norvig (2016) gibt es vier denkbare technische Definitionen von KI: (1) Maschinen, die menschlich denken (vgl. Bellman 1978; Haugeland 1985); (2) Maschinen, die rational denken (vgl. Charniak/McDermott 1985; Winston 1992); (3) Maschinen, die menschlich handeln (vgl. Kurzweil 1990; Rich u.a. 2010); (4) Maschinen, die rational handeln (vgl. Poole u.a. 1998; Nilsson 1998; 2009), wobei (4) ihrem eigenen Verständnis von KI entspricht.

Vorwegzunehmen ist, dass sich aus allen vier Positionen philosophische Fragen und Probleme ergeben, die im Verlauf dieses Buchs diskutiert werden, nämlich: Was ist Denken?, Was ist Handeln?, Was ist Rationalität? Und: Was ist ein Mensch? Auch wer KI lediglich als Teilbereich der Informatik beziehungsweise als Technik der Softwareentwicklung versteht, wird an diesen Fragen nicht vorbeikommen, doch stellen sie sich unmittelbar für alle, die KI als essenziell für das Verständnis des Menschen erachten (vgl. Kap 1.1).

Unabhängig davon besteht weitgehende Einigkeit darüber, dass die folgenden Gebiete zur KI zählen:

- konnektionistische KI, d.h. Maschinelles Lernen (*Machine Learning*) basierend auf neuronalen Netzen (vgl. Kap. 1.1 und 1.3)
- Computerlinguistik (*Natural Language Processing*), d.h. die Verarbeitung natürlicher Sprache (Text und Wort) mithilfe von Maschinen
- Maschinelles Sehen (*Computer Vision*), d.h. maschinengestützte Lösungen, die sich am menschlichen Sehsinn orientieren
- vernunftbasiertes Schlussfolgern (*Reasoning*) und schließlich
- Planung und Optimierung (*Planning and Optimisation*, auch: *State Space Search*) mithilfe von Maschinen

Zu beachten ist, dass in der Regel verschiedene Gebiete miteinander kombiniert werden, beispielsweise kann *Machine Learning* in der Computerlinguistik oder beim Maschinellen Sehen eingesetzt werden und umgekehrt. KI ist daher – jenseits aller theoretischen Definitionsversuche – in erster Linie ein Sammelbegriff für die genannten Gebiete der Informatik.

Umstritten ist, ob auch einfache regelbasierte Systeme (d.h. eine Abfolge von Wenn-dann-Anweisungen, die auf elektronischen Schaltungen basieren) ein Teilgebiet von (symbolischer) KI sind. Dies führt jedoch in das folgende Paradox: Wenn regelbasierte Systeme KI sind, dann ist jede Form von Softwareentwicklung (und vielleicht schon ein gewöhnlicher Lichtschalter) KI. Wenn regelbasierte Systeme nicht KI sind, dann gibt es keine KI. Alle aufgeführten Gebiete (auch die konnektionistische KI) sind nämlich nichts anderes als hochkomplexe regelbasierte Systeme auf der Grundlage elektronischer Schaltungen.

Aus technischer Sicht spricht daher vieles dafür, spezifisch über bestimmte Gebiete von KI zu sprechen, insbesondere wenn von Gefahren, Chancen und philosophischen Implikationen die Rede ist. Dennoch ist insbesondere die Unterscheidung zwischen starker und schwacher KI essenziell für ein Verständnis der geisteswissenschaftlichen Diskussion von KI.

Schwache und starke KI

Die Unterscheidung zwischen schwacher und starker KI geht auf John Searle zurück. In den Vorbemerkungen zum Argument des *Chinesischen Zimmers* (vgl. Kap. 1.3) unterscheidet er das Verständnis, dem zufolge Computer ein wirksames Instrument »für die Untersuchung des Geistes« bieten können (= schwache KI), von dem Verständnis, dass sie selbst Geist besitzen können »in dem Sinn, daß man Computern, die mit den richtigen Programmen ausgestattet sind, buchstäblich *Verstehen* und andere kognitive Zustände zusprechen kann« (je Searle 1994, S. 232, Hervorh. im Orig.). Laut der schwachen KI-These simulieren Maschinen das Denken, d.h., sie verhalten sich, als ob sie denken würden, während sie der starken KI-These zufolge wirklich denken (vgl. Russell/Norvig 2016, S. 1020–1033).

Dass die Simulation (bestimmter Bereiche) menschlichen Denkens möglich ist, war bereits Konsens und Anspruch der Dartmouth-Konferenz (vgl. Kap. 1.1) und ist in der Philosophie unumstritten. Im Sinne der schwachen KI-These könnte man KI auch als Modell (bestimmter Bereiche) menschlichen Denkens beschreiben, wobei ein Modell nicht mit dem zu verwechseln ist, was es modelliert (vgl. Gabriel 2018, S. 91–94).

Während starke KI in der Softwareentwicklung häufig keine Rolle spielt (»as long as their program works, they don't care«, Russell/Norvig 2016, S. 1020), bestimmt die daraus resultierende Frage, ob Maschinen wirklich denken können, seit den 1970er Jahren die philosophische KI-Debatte, wenngleich in den letzten Jahren zunehmend ethische und gesellschaftliche Fragen an Wichtigkeit gewonnen haben.

Human Level Artificial Intelligence

Häufig wird »starke KI« gleichgesetzt mit dem Begriff der *Human Level Artificial Intelligence* (HLAI)[7] beziehungsweise *Artificial General Intelligence* (AGI)[8] (etwa bei Bostrom 2014, S. 22; Tegmark 2019, S. 63–65; Misselhorn 2018, S. 269–270; Zweig 2019, S. 267–280). Unter HLAI/AGI sind Maschinen zu verstehen, die alle (oder zumindest sehr viele verschiedene) Aufgaben erledigen können, welche bisher nur von menschlicher Intelligenz erledigt werden konnten (vgl. Nilsson 2009, S. 646 ff.; Russell/Norvig 2016, S. 27). Dies ist jedoch nicht dasselbe, wie einer Maschine Geist zuzuschreiben. Der von Searle geprägte philosophische Begriff der starken KI ist daher nicht mit HLAI/AGI zu verwechseln.

Während es sich bei HLAI/AGI um universelle Maschinen handelt (Beispiele wären HAL 9000 aus Stanley Kubricks *Space*

Odyssey oder anthropomorphe Roboter wie Bender aus *Futurama*), ist das begriffliche Gegenstück dazu die angewandte KI (*applied AI*, auch: *narrow AI*, spezifische AI), d.h. ein KI-Programm, das nur für einen bestimmten Aufgabentyp konzipiert wurde, etwa ein Schachprogramm, ein Routenplaner oder eine Anwendung zur Kategorisierung von bestimmten Daten.

Renommierte KI-Forscher wie John McCarthy, Marvin Minsky und Nils Nilsson setzen sich zuletzt verstärkt dafür ein, intensiver an HLAI/AGI zu forschen, da die umfassende Simulation menschlichen Denkens der Ursprungsidee von KI (vgl. Kap. 1.1) näherkommt als die Entwicklung von Anwendungen für spezifische Bereiche (vgl. Russell/Norvig 2016, S. 26 ff.). In der gegenwärtigen Praxis spielen sowohl HLAI/AGI als auch angewandte KI eine große Rolle, wenngleich HLGAI/AGI den auf den ersten Blick eigentlich faszinierenden Bereich der KI-Debatte darstellt. Bisher existiert jedoch keine HLAI/AGI, und es ist umstritten, ob deren Konstruktion technisch überhaupt möglich ist.

Wenn von starker KI die Rede ist, wird damit meist eine HLAI/AGI assoziiert, auch wenn es zumindest theoretisch denkbar ist, auch einer angewandten KI Geist oder Bewusstsein zuzusprechen. Umgekehrt beschreibt HLAI/AGI lediglich die technischen Fähigkeiten einer KI, unabhängig von einer philosophischen These zum Geist/Bewusstsein, d.h., HLAI/AGI ist nicht notwendig starke KI im Sinne von Searle.

Algorithmus

Während jedes Programm – und damit jede KI – Algorithmen verwendet, sind Algorithmen und KI nicht dasselbe. Ein Algorithmus ist eine Handlungsanweisung beziehungsweise ein Verfahren zur Lösung eines Problems. Das gängige Beispiel zur Veranschaulichung ist ein Kochrezept (vgl. Heilmann 2019; Lenzen 2018, S. 42; Misselhorn 2018, S. 19): Es beschreibt in endlich vielen Einzelschritten das Verfahren, um ein bestimmtes Gericht zuzubereiten. Wenn der Algorithmus formal so beschrieben wird, dass er von einem Computer umgesetzt werden kann, spricht man von einem Programm. Gerade im *Machine Learning* (vgl. Kap. 1.3) gibt es auch Probleme, für deren Lösung noch kein Verfahren bekannt ist: KI wird dann dafür eingesetzt, entsprechende Algorithmen zu finden, um beispielsweise Bilder richtig zu kategorisieren.

Datenwissenschaft und Big Data

Unter Datenwissenschaft (*Data Science*) wird die Extraktion und Analyse von Wissen, Mustern und Schlüssen aus strukturierten und unstrukturierten Daten verstanden. Dies muss nicht zwangsläufig mithilfe von Computern geschehen, ist jedoch in der Praxis der Regelfall. Gleichzeitig basieren die meisten KI-Anwendungen (insbesondere im *Machine Learning*) auf datenwissenschaftlich aufbereiteten Daten, sodass Datenwissenschaft eine wichtige Hilfsdisziplin für KI ist. Umgekehrt wird KI von Datenwissenschaftlern eingesetzt, weshalb KI auch für die Datenwissenschaft eine Hilfsdisziplin darstellt. Dies trifft insbesondere auf Big Data zu, also jene Datenmengen, die zu groß oder komplex sind, um sie mit herkömmlichen Mitteln der Datenwissenschaft zu verarbeiten, und deren Auswertung ein großes gesellschaftliches Thema ist (vgl. Kap. 5).

Roboter

Ein Roboter ist nach gängigem Verständnis eine »elektromechanische Maschine [...], die aus einem Prozessor, Sensoren und Effektoren« (Misselhorn 2019, S. 2; vgl. Misselhorn 2013) besteht, wobei Janina Loh (vgl. 2019a, S. 16–17; 2019b) noch eigenständige Körperlichkeit, autonomes bzw. autonom scheinendes Verhalten sowie die Möglichkeit, auf die jeweilige Umgebung Einfluss zu nehmen, als weitere denkbare Kriterien vorschlägt. Entsprechend ist nicht jeder Computer ein Roboter, auch ist nicht jede KI ein Roboter, und schon gar nicht ist jede KI ein androider (also menschenähnlicher) Roboter. Ob jeder Roboter KI ist, hängt sehr vom KI-Begriff ab (vgl. Kap. 1.2), insbesondere bei Industrierobotern, die lediglich »dull, dangerous, and dirty« (Marr 2017; vgl. Loh 2019a, S. 20) Arbeiten übernehmen, ist dies umstritten. Autonomie und KI scheinen aber zu korrelieren: Je intelligenter ein Roboter, desto autonomer – und umgekehrt. Gleichzeitig ist die KI insbesondere bei androiden Robotern üblicherweise ins Netzwerk ausgelagert, da Roboter-Hardware nicht für ressourcenintensive Berechnungen ausgelegt ist (vgl. Kap. 1.4).

Mit der in den späten 1980ern Jahren von Rodney Brooks begründeten *nouvelle AI* (auch: verhaltensbasierte oder *embodied AI*, vgl. Iieda u.a. 2004; Misselhorn 2018, S. 27–29) gibt es neben der konnektionistischen und der symbolischen KI einen dritten Ansatz der KI, der computerbasierte Rationalität mit der Situiertheit und der Interaktion von Maschinen mit der Wirklichkeit verknüpft – und daher eher in der Robotik als in der klassischen KI-Forschung anzusiedeln ist. Dennoch gibt es viele Überschneidungen zwischen KI-Ethik, Roboterethik und Maschinenethik (vgl. Kap. 4). Insbesondere die Frage, ob KI ein moralisches Handlungsobjekt bzw. -subjekt ist, liegt näher, wenn von einem KI-basierten Roboter die Rede ist und nicht von ein paar Zeilen Softwarecode auf einem Mikroprozessor. Umgekehrt würde man einem Roboter, der nichts anderes kann, als nur ein bestimmtes Autoteil anzuschrauben (der vermutlich also nicht auf KI basiert), kaum Handlungsfähigkeit zuschreiben.

1.3 Neuronale Netze und Machine Learning

Ähnlich wie der KI-Begriff fälschlicherweise *pars pro toto* für Digitalisierung verwendet wird, wird er zuweilen auch *totum pro parte* mit *Machine Learning* (ML) basierend auf *neuronalen Netzen* (NN) gleichgesetzt (= konnektionistische KI, vgl. Kap. 1.1). Da sich die gegenwärtige KI-Debatte größtenteils auf ML/NN bezieht, erkläre ich im Folgenden, was technisch darunter zu verstehen ist.

Ähnlich wie im menschlichen Nervensystem sind auch im künstlichen NN Neuronen als Knotenpunkte elektronischer Schaltungen zu verstehen (vgl. im Folgenden Russell/Norvig 2016, S. 727 ff.; Mainzer 2019, S. 104–124).[9] Für jedes künstliche Neuron gibt es eine Aktivierungsfunktion (*activation function*), die bestimmt, wann dieses »feuert«. Die folgende Darstellung beschränkt sich auf einfache Perzeptronen (*perceptrons*) nach dem Vorbild von Rosenblatt (1958), die lediglich »wahr« und »falsch« (0/1, d.h. Strom aus/an) als Ausgabewerte besitzen. Diese sind deutlich leistungsfähiger als das erste NN von McCulloch/Pitts (1943, vgl. Kap. 1.1) und werden noch immer im ML eingesetzt, wenngleich weitere künstliche Neuronentypen verbreitet sind, etwa Sigmoid-Neuronen, die nuancierte Dezimalwerte zwischen 0 und 1 ausgeben, welche zumeist als Wahrscheinlichkeitswerte interpretiert werden.

Funktionsweise und Aufbau von künstlichen NN sind jedoch unabhängig vom Neuronentyp: Es gibt eine Eingabeschicht (*input layer*), eine Ausgabeschicht (*output layer*) und meist eine oder mehrere Zwischenschichten (*hidden layer*), die über elektronische Schaltungen miteinander verbunden sind. Das Feuern eines Perzeptrons ist abhängig vom Input, der Gewichtung (*weight*) und dem Grenzwert (*threshold* bzw. *bias*[10]), was das folgende Beispiel einer Entscheidung aus dem Alltag verdeutlicht, nämlich der Frage, ob ich heute Abend den Film *Blade Runner* im Kino sehen möchte:

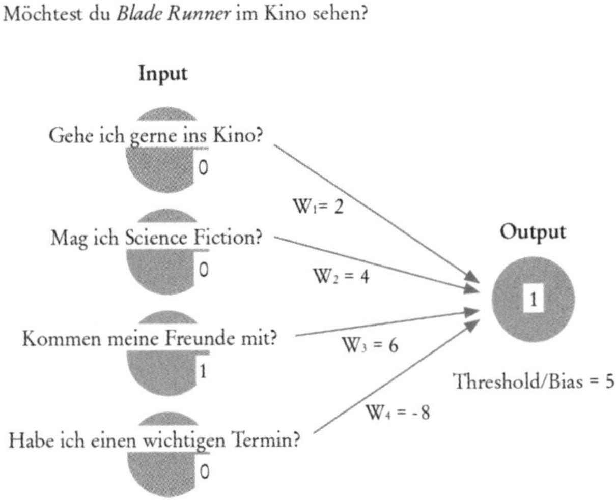

Abb. 1: Einfaches NN-Modell zur Entscheidungsfindung

Meine Entscheidung hängt von zahlreichen Faktoren ab. Einige sind in Abb. 1 als Input-Neuronen (ganz links) repräsentiert. Ihr jeweiliger Einfluss auf das Feuern des Output-Neurons ist unterschiedlich gewichtet. Nur wenn der Grenzwert erreicht wird, fällt meine Entscheidung positiv aus. Im Beispiel: 0 x 2 + 0 x 4 + 1 x 6 + 0 x -8 > 5. Der Output ist also 1. Wenn meine Freunde mitkommen, bin ich nicht so wählerisch; wenn sie nicht mitkommen, müssen schon viele andere Inputs zutreffen; aber wenn ich einen wichtigen Termin habe, ist die Entscheidung immer negativ, selbst wenn alle anderen Inputs zutreffen.

Dieses Modell ist selbstverständlich nur eine vage Annäherung daran, wie Menschen Entscheidungen treffen. Auch künstliche NN sind in der Regel komplexer, z.B. könnte man das NN nicht nur um zusätzliche Entscheidungsfaktoren (= Input-Neuronen), sondern auch um weitere Output-Neuronen erweitern, um eine komplexe Abendgestaltung zu simulieren. Auch könnten Zwischenschichten mehrstufige Entscheidungsfaktoren (z.B. ich gehe nur ins Kino, wenn es frisches Popcorn gibt) abbilden, sodass ein künstliches NN zuweilen wie folgt aufgebaut ist, wobei jedem Neuron der Zwischen- und Outputschicht eine Aktivierungsfunktion (abhängig von Input, Gewichten und Grenzwert) zukommt, die darüber entscheidet, ob das jeweilige Neuron »feuert«, also 0 oder 1 zurückgibt:

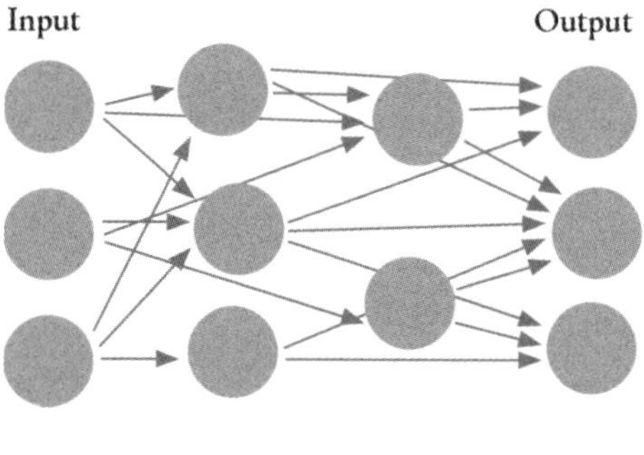

Abb. 2: Komplexeres NN

Angenommen, dies ist ein adäquates Modell der menschlichen Entscheidungsfindung, stellen sich zwei Herausforderungen. Erstens: Wie sollen einzelne Inputs gewichtet werden? Und zweitens: Bei welchem Grenzwert soll das Output-Neuron »feuern«? Beim Menschen laufen solche Alltagsentscheidungen zumeist unbewusst ab, doch selbst wer sich die Faktoren und Kriterien bewusst macht, kann unmöglich präzise Gewichte und Grenzwerte angeben.

Hier kommt ML ins Spiel: Ein Programm ermittelt – basierend auf Daten der Vergangenheit – die Gewichte und den Grenzwert für jedes einzelne Zwischenschicht- und Output-Neuron des NN durch *trial and error*. Im Prinzip macht ML nichts anderes als ein verzweifelter Schüler im Analysis-Unterricht, der die Formel einer Geraden auf der Basis von einigen gegebenen Punkten im Koordinatensystem rät (statt sie zu berechnen). Er hofft, dass weitere Punkte ebenso auf seiner Geraden liegen, und falls dies nicht der Fall ist, wird er die Formel so lange optimieren, bis sie einigermaßen passt. Der Unterschied ist lediglich, dass ML beliebig komplexe Potenzfunktionen im n-dimensionalen Raum ermitteln muss und das gegebene Datenset deutlich umfangreicher ist, weshalb wiederum Datenwissenschaft eine wesentliche Grundlage von ML/NN darstellt (vgl. Kap. 1.2).

Bei der Optimierung eines ML-Programms geht es in der Regel um einen Kompromiss zwischen Ressourcen (Rechenleistung, benötigte Zeit) und Ergebnisqualität. Beispielsweise kann das Ergebnis genauer werden, wenn deutlich mehr Faktoren im NN repräsentiert werden (z.B. könnte man einen Einfluss von Wetter oder Eintrittspreis vermuten und entsprechende Input-Neuronen modellieren), doch entsprechend mehr Rechenleistung bzw. Zeit benötigt das Programm bis zu einem Ergebnis.

Das Beispiel beschreibt die Funktionsweise des beaufsichtigten ML (*supervised learning*), d.h., dem Programm werden Input- und zugehörige Output-Daten aus der Vergangenheit (sog. Trainingsdaten) zur Verfügung gestellt, anhand derer es die Aktivierungsfunktionen (Gewichte und Grenzwerte) im NN optimiert. Weitere Methoden des ML unterscheiden sich durch die Art des Feedbacks, das dem Programm bei dieser Optimierung zur Verfügung gestellt wird (vgl. Russell/Norvig 2016, S. 693 ff.). Beim unbeaufsichtigten ML (*unsupervised learning*) findet kein Feedback statt, d.h., die Trainingsdaten enthalten keine expliziten Output-Daten, und das Programm sucht stattdessen nach Mustern in den Input-Daten. Ein Beispiel für unbeaufsichtigtes ML ist es, ein NN so lange mit Bildern zu füttern, bis das Programm beginnt, sie nach bestimmten Mustern zu sortieren und zu kategorisieren, ohne dass jemals Vorgaben gemacht wurden, was und wonach sortiert und kategorisiert werden soll. Schließlich gibt es noch bestärkendes ML (*reinforcement learning*), bei dem die Output-Daten erst im Laufe des Prozesses von einer Softwareentwicklerin bewertet werden, woraufhin das Programm positives/negatives Feedback (»Belohnung«) erhält und sich entsprechend weiter optimiert. Das Prinzip des NN ist bei allen Lernmethoden jedoch dasselbe. Häufig finden verschiedene Lernmethoden im selben Programm Anwendung, was eine klare Unterscheidung in der Praxis schwierig macht.

Aus philosophischer Sicht ist die Frage interessant, inwieweit hier echtes Lernen (vergleichbar mit menschlichem Lernen) stattfindet oder ob im ML Lernen bloß simuliert bzw. der Begriff des Lernens nur metaphorisch verwendet wird – vergleichbar mit der Frage, ob Maschinen wirklich denken können (vgl. Kap. 2). Ohne dies hier zu beantworten, passe ich im Folgenden zur

Erläuterung der technischen Funktionsweise und der sich daraus ergebenden philosophischen Fragen das auf John Searle (1994) zurückgehende Gedankenexperiment des *Chinesischen Zimmers* auf gegenwärtige konnektionistische KI an.

Angenommen, Searle ist in einen Raum eingeschlossen. Man gibt ihm einen Packen mit chinesischen Schriftzeichen, obwohl er kein Chinesisch versteht. Außerdem reicht man ihm nacheinander Zettel mit weiteren Schriftzeichen, die Fragen und die zugehörigen Antworten repräsentieren (= entspricht den Trainingsdaten im ML/NN). Schließlich erhält er ihm bis dahin unbekannte Fragen und wird aufgefordert, per Multiple Choice aus vier Antworten die richtige auszuwählen (= entspricht den sog. Testdaten im ML/NN). Daraufhin überprüft man seine Erfolgsquote. Die Beobachter sind enttäuscht, wenn sie unter 25 Prozent (= Erfolgsquote zufälligen Ratens) beträgt. Wenn sie aber deutlich höher liegt, glauben sie, dass er ein Muster erkannt hat, und vertrauen ihm schließlich Fragen an, deren richtige Antworten sie auch nicht kennen. Zwischenzeitlich versuchen sie, seine Performance weiter zu optimieren, indem sie ihm noch mehr Frage-Antwort-Daten zum Training zur Verfügung stellen und ihm positives/negatives Feedback geben, wenn seine Erfolgsquote steigt/fällt. Wie das von Searle erkannte Muster zwischen Frage, Schrift, Geschichte und Antwort genau aussieht, ist für die Beobachter unbekannt. Falls es aber tatsächlich ein Muster gibt, hat es lediglich mit der Form der chinesischen Schriftzeichen, aber nichts mit ihrer Bedeutung zu tun, da Searle diese nicht versteht.

Dieses Gedankenexperiment entspricht der Methode des beaufsichtigten ML mit Elementen des bestärkenden ML.[11] Beim unbeaufsichtigten ML würde man Searle lediglich Fragen, aber keine zugehörigen Antworten zum Training geben, wobei ein Frage-Antwort-Spiel keine typische Anwendung für unbeaufsichtigtes ML darstellt.

1.4 Ontologische Überlegungen

Wie jedes Computerprogramm besteht auch jedes KI-Programm aus Programmiercode, der durch einen sogenannten Compiler bzw. Interpreter[12] in Maschinensprache übersetzt wird (= Software). Diese wird dann von einem Prozessor verarbeitet (= Hardware), wobei Software immer durch Hardware repräsentiert wird, sei es magnetisch, optisch oder elektrisch. Die Frage, was KI überhaupt ist, wirft dadurch einige Rätsel auf, beginnend mit der Frage, ob unter KI die Software oder die Hardware, auf der die Software ausgeführt wird, zu verstehen ist – oder vielleicht die Kombination aus beidem.

Eine alternative Überlegung wäre es, KI lediglich als eine Technik zu verstehen, d.h. als bestimmtes Verfahren, um Software bzw. Hardware des in Kap. 1.2 beschriebenen Typus herzustellen. Zum Beispiel ist die Töpferei eine Technik, um Töpfereierzeugnisse (d.h. Keramik) herzustellen. Ähnlich wäre KI gemäß dieser Verwendung eine Technik, um KI-Erzeugnisse (d.h. je nachdem bestimmte Software, Hardware etc.) herzustellen. Wenn dies gemeint ist, spreche ich in dieser Einführung jedoch zumeist explizit von »KI-Technik«. KI bezeichnet demnach die technischen Artefakte, die auf KI-Technik basieren, wobei die sprachlichen Grenzen zwischen einer Technik und dem Produkt dieser Technik zuweilen verschwimmen (zum Technikbegriff vgl. Kap. 4.3), insbesondere da unklar ist, ob und was das Erzeugnis der KI-Technik ontologisch betrachtet überhaupt ist.

Die Ontologie bzw. Metaphysik[13] bezeichnet in der Philosophie diejenige Teildisziplin, die sich mit Fragen der Existenz, dem Sein und der Wirklichkeit beschäftigt und die demnach insbesondere das Wesen und die Struktur all dessen, was existiert, untersucht (vgl. u.a. Loux 2006).

Die zunächst naheliegende Intuition, bestimmte Maschinen insgesamt in ihrer Gesamtheit, bestehend aus Software und Hardware, als KI zu verstehen – ähnlich wie im kartesischen Dualismus (vgl. Kap. 2) Körper und Geist beim Menschen zusammengehören –, scheitert an grundlegenden technischen Beschränkungen: Wenn ich auf meinem Computer ein NN modelliere und ein ML-Programm starte, würde er demnach zu einer KI werden, doch wäre es absurd, mein Textverarbeitungsprogramm oder meinen Dokumente-Ordner als Teil dieser KI zu verstehen, wenngleich es sowohl praktisch als auch theoretisch unmöglich ist, die Bereiche der Computer-Hardware einzugrenzen, die nur für die KI-Anwendung verwendet werden. Dies ist ähnlich wie beim Menschen, der in seiner Gesamtheit als natürliche Intelligenz gilt, obwohl selbstverständlich auch nicht jedes menschliche Verhalten intelligent ist. Im Unterschied zur menschlichen Intelligenz ist KI heutzutage jedoch selten auf eine einzelne Maschine begrenzt, sondern die benötigte Rechenkapazität für KI kann nur über ein Netzwerk von Maschinen (sog. Cloud Computing) bewältigt werden

Auch bei den meisten KI-basierten androiden Robotern (vgl. Kap. 1.2) finden alle Berechnungen, die den Roboter als intelligent erscheinen lassen, nicht auf der Hardware des Roboters statt, sondern in der Cloud bzw. einem Rechenzentrum, mit dem der Roboter (bzw. sehr viele Roboter desselben Typs) verbunden ist. Ein Roboter besteht dagegen in der Regel lediglich aus einem ans Netzwerk angeschlossenen Mikroprozessor und einer Peripherie aus Sensoren und Ausgabegeräten. Für sich genommen ist er daher kaum intelligenter als ein gewöhnlicher Taschenrechner. Die KI ist – wenn überhaupt – das gesamte System, in das ein Roboter integriert ist. Entsprechend darf KI in der Praxis nicht als eine einzelne, in sich geschlossene Maschine gedacht werden.

Weitere ontologische Fragen zur KI ergeben sich aus dem Wesen von Softwarecode: Dieser kann nämlich exakt kopiert und auf beliebig vielen Rechnern gestartet werden. Hieraus ergibt sich ein Individuationsproblem, da jede Ausführung eines Programms eigentlich eine unabhängige Instanz desselben darstellt. Wenn KI den Softwarecode meint und unendlich viele identische Klone desselben auf unterschiedlicher Hardware existieren, kann es nicht eine originäre KI geben. Ein weiteres mereologisches Problem entsteht durch die Frage, inwieweit der Compiler (bzw. Interpreter) Teil der KI ist, und damit verbunden, ob nicht-kompilierte KI-Software auch eine KI ist. Insbesondere da Programmiercode nicht nur einmal, sondern sehr häufig kompiliert wird, stellt sich die Frage, ob bei jeder Kompilierung eine neue KI geschaffen wird – ebenso wenn ein laufendes KI-Programm abgebrochen und neu gestartet wird.

Es ist erstaunlich und bedauerlich zugleich, dass diese ontologischen Überlegungen, die sich unmittelbar aus dem technischen Aufbau von KI ergeben, bislang nicht ernsthaft diskutiert wurden. Insbesondere wer von der These der starken KI (vgl. Kap. 1.2 und Kap. 2) ausgeht oder gar KI-basierte Roboter als moralische Subjekte auffasst, sollte sich ihrer Tragweite bewusst sein: Wenn jede Neukompilierung von Programmiercode tatsächlich eine neue KI schafft und dieser moralische Rechte zukommen würden, wäre es unmoralisch, alten Programmiercode zu löschen oder ein einmal kompiliertes Programm neu zu kompilieren – vergleichbar damit, einen Menschen zu töten und daraufhin einen (ihm sehr ähnlichen) Klon ins Leben zu rufen. Dies wäre jedoch absurd. Auch wenn das intelligent scheinende Verhalten eines androiden Roboters der Grund ist, diesen als (moralisches) Subjekt anzusehen, unterliegt dies häufig einem technischen Missverständnis, da die KI – wie oben beschrieben – eben nicht im Roboter, sondern im Netzwerk ausgeführt wird. Einen KI-basierten Roboter als Subjekt aufzufassen wäre ontologisch gesehen vergleichbar damit, meine Darmwand als Subjekt aufzufassen, da auch diese lediglich externe Reize aufnimmt, an das ›Rechenzentrum‹ (d.h. mein Gehirn) weiterleitet, wo diese Reize verarbeitet werden, bis ein Impuls zurück zur Darmwand gesendet wird, die sich dann entsprechend verhält.

Abhängig davon, wie man sich zu den genannten ontologischen Fragen positioniert, ergeben sich weitere ontologische Fragen, etwa ob KI ein Gattungsbegriff für konkrete Individuen ist (im Sinne von: jede KI-basierte Maschine ist eine KI), ob KI als Attribut verstanden werden muss (im Sinne von: diese Maschine bzw. dieses System ist künstlich-intelligent) oder KI lediglich ein abstraktes Konzept ist.

Derlei ontologische Grundüberlegungen sind insbesondere für die im zweiten Kapitel aufgeworfene Frage, ob Maschinen denken können, zentral, wobei ihre Bedeutung auch für die im weiteren Verlauf dieser Einführung diskutierten anthropologischen, ethischen und sozialen Dimensionen von KI nicht unterschätzt werden sollte.

2. Können Maschinen denken?

Ob Maschinen Intentionalität, Bewusstsein, Emotionen, Kreativität und Denkvermögen besitzen, hängt vor allem davon ab, was man unter Intentionalität, Bewusstsein, Emotionen, Kreativität und Denkvermögen versteht. Es hängt also davon ab, welche Grundannahmen man in Bezug auf das Körper-Geist-Problem voraussetzt.

Das Körper-Geist-Problem (auch: psychophysisches Problem und Leib-Seele-Problem) ist jenes Grundproblem der Philosophie, das nach dem Verhältnis des menschlichen Geistes zu seinem Körper fragt – oder neutraler formuliert: nach dem Verhältnis von Mentalem und Physischem. Allerdings kann ich im Rahmen dieser Darstellung keine adäquate Einführung in die Philosophie des Geistes und alle denkbaren Positionen zum Körper-Geist-Problem leisten (vgl. Kim 2006; Metzinger 2006 u. 2007; Beckermann 2008a; Brüntrup 2018). Im Folgenden beschränke ich mich daher auf diejenigen Aspekte dieses Problems, die im Zusammenhang mit KI unbedingt diskutiert werden müssen.

Zunächst stelle ich dafür den Turing-Test vor und skizziere darauf aufbauend, wie die Frage, ob Maschinen mentale Zustände besitzen können, beantwortet werden kann (vgl. Kap. 2.1). »Mentale Zustände« ist dabei ein neutraler Begriff für das, was in unterschiedlichen Denktraditionen »Geist«, »Seele« oder »Psyche« genannt wird. Ich verwende ihn vor allem als Überbegriff für Intentionalität, Bewusstsein und Emotionen, welche ich in diesem Kapitel nacheinander beleuchte (vgl. Kap. 2.2–2.4), bevor ich frage, ob Maschinen kreativ sein können und was das für den Kunstbegriff bedeutet (vgl. Kap. 2.5).

2.1 Turing-Test und mentale Zustände

Aufgrund der Komplexität des Körper-Geist-Problems hält der Computerpionier Alan Turing die »ursprüngliche Frage«, ob Maschinen denken können, »für zu belanglos, als daß sie ernsthaft diskutiert werden sollte« (je Turing 1994, S. 52; vgl. Scheutz 2018; Misselhorn 2018, S. 30–45). Deshalb ersetzt er sie durch die Frage, ob eine Maschine das folgende Imitationsspiel erfolgreich bestehen kann:

> »Wir betrachten drei Spieler, einen Mann (A), eine Frau (B) und einen [...] Fragesteller (C). [...] Ziel des Fragestellers ist es zu entscheiden, welche der beiden anderen Personen der Mann bzw. die Frau ist. [...] Was passiert, wenn eine Maschine die Rolle von A [...] übernimmt? Wird der Fragesteller sich in diesem Fall ebenso oft falsch entscheiden wie dann, wenn das Spiel von einem Mann und einer Frau gespielt wird?« (Turing 1994, S. 39–40)

Dieses 1950 (also noch vor der Dartmouth-Konferenz, vgl. Kap. 1.1) von Turing erdachte Imitationsspiel ist heute als Turing-Test bekannt. In seiner Standardinterpretation wird dieser zumeist darauf verkürzt, ob ein menschlicher Fragesteller nicht mehr unterscheiden kann, ob er mit einem Menschen oder einer Maschine spricht. Dies ist jedoch ein erheblicher Unterschied zur wörtlichen Fassung. Dieser zufolge zählt eine Maschine nämlich genau dann als denkend, wenn sie genauso gut wie ein Mensch, der eine bestimmte Eigenschaft ebenfalls nicht besitzt (z.B. eine Frau zu sein), einen menschlichen Fragesteller darin täuschen kann, diese Eigenschaft zu besitzen (vgl. Traiger 2000[14]). Bisher gilt der Turing-Test gemeinhin als noch nicht von einer Maschine bestanden, wenngleich er in ganz unterschiedlichen Interpretationen und Abwandlungen immer wieder und mit unterschiedlichen Ergebnissen durchgeführt wurde (vgl. Nebel 2019). »Turing-Test« ist daher inzwischen auch ein Gattungsbegriff für Tests, die die Frage, ob Maschinen denken können, ersetzen.

Basierend auf Turings Überlegungen arbeitet Hilary Putnam (1964, 1994) den Zusammenhang von Maschinenbewusstsein und Körper-Geist-Problem heraus. Insbesondere weist er auf das Problem des Fremdpsychischen hin, welches er in der Tradition Wittgensteins als »Rätsel der *Privatheit*« (1994, S. 146, Hervorh. im Orig.) bezeichnet. Dieses ergibt sich daraus, dass man nicht wissen kann, ob andere Person mentale Zustände besitzen, während man die eigenen mentalen Zustände immer aus einer sogenannten Erste-Person-Perspektive heraus unmittelbar wahrnimmt.

Das Rätsel stellt sich laut Putnam auch für Maschinen, die sich ähnlich wie Menschen verhalten und ähnlich strukturiert sind. Das Körper-Geist-Problem sei dagegen »nicht länger [...] ein echtes theoretisches Problem«, dessen »›Lösung‹ auch nur das geringste Licht auf die Welt werfen würde« (je 1994, S. 179). Ob Maschinen mentale Zustände besitzen, könne auf die Frage reduziert werden, ob wir sie als Teil unserer Sprachgemeinschaft anerkennen wollen, da »jeder Schluß, zu dem man beim Körper-Geist-Problem gelangen könnte, auch – *und aus denselben Gründen* – für den Fall der Turingmaschine gezogen werden müßte« (Putnam 1994, S. 180, Hervorh. im Orig.).

Putnams Verwendung von »Turingmaschine« ist jedoch missverständlich. Eine Turingmaschine ist das Modell einer universell programmierbaren Rechenmaschine (vgl. Mainzer 1994, S. 69–84;

Misselhorn 2018, S. 19–26). Sie ist also ein mathematisches Objekt, kein konkreter Gegenstand. Ein universell programmierbares System, das dem Modell einer Turingmaschine entspricht, heißt Turing-vollständig (*Turing complete*, dt. auch: turingmächtig). Ein Computer ist ein elektronisches Gerät, auf dem ein Turing-vollständiges System realisiert werden kann, und eine Turingmaschine das Modell, das dem System zugrunde liegt.

Putnam reflektiert den Begriff der Turingmaschine zwar ausführlich (vgl. 1994, S. 149–152), dennoch kann er nur die mentalen Zustände eines Computers, nicht seines zugrunde liegenden Modells meinen. Andernfalls wäre sein Aufsatz jahrzehntelang missrezipiert worden.

Darüber hinaus darf man die Turingmaschine nicht mit dem Turing-Test verwechseln. Eine Turingmaschine bezeichnet nicht einen Computer (und auch nicht das Modell eines Computers), der den Turing-Test bestanden hat. Turing-Test und Turingmaschine sind voneinander unabhängige Begriffe, die lediglich beide auf Alan Turing zurückgehen.

Putnam sagt also, dass jedes Turing-vollständige System (= jeder Computer) nach demselben Prinzip wie der menschliche Geist funktioniert (und andersherum). Es geht also nicht nur um diejenigen Computer, denen der Turing-Test Denken zuschreibt. Dies ist im Sinne seiner funktionalistischen Auffassung von Geist (siehe unten) konsequent, aber aufgrund der Verwechslungsgefahr von Turing-Test und Turingmaschine wichtig zu betonen.

Hinsichtlich der in diesem Kapitel aufgeworfenen Frage, ob Maschinen denken können, macht es einen großen Unterschied, ob alle Maschinen (also z.B. auch Staubsauger, Taschenrechner und Rasenmäher) gemeint sind oder nur Computer oder sogar nur die Computer, die den Turing-Test bestehen. Dies bleibt bei vielen Vertretern von starker KI (= die These, dass KI Geist besitzt, vgl. Kap. 1.2) unklar.

KI betrifft aber explizit nicht nur Systeme, die den Turing-Test bestehen. Der Turing-Test dient technisch gesehen vielmehr dazu, eine KI als AGI (vgl. Kap. 1.2) zu klassifizieren. Dennoch würde selbstverständlich eine Auffassung, die jeder Maschine mentale Zustände (bzw. Geist[15]) zuschreibt, auch KI-Systemen mentale Zustände zuschreiben. Hans Blumenberg unterscheidet beispielsweise zwischen dem »Geist, *der* die Technik bewirkt« [= der menschliche Geist, S.R.], und dem, »*den* sie bewirkt« (je 2019, S. 78, Hervorh. im Orig.), während beispielsweise in der Hegel'schen Denktradition das gesamte Universum – und damit auch Technik – von Geist durchdrungen ist, Technik also nicht nur in ihrer naturwissenschaftlichen Dimension verstanden wird. Jürgen Mittelstraß spricht ferner vom »Geist der Technik« und meint damit, dass sich menschlicher Geist »in allen unseren Werken« (2012, S. 1) findet. Die Reflexion eines solchen Geistesverständnisses wird in der analytisch geprägten Debatte, ob KI mentale Zustände besitzen kann, jedoch zumeist ausgeblendet.

Unabhängig davon, ob alle oder nur manche Computer gemeint sind und ob man Putnams Schlussfolgerungen zum Körper-Geist-Problem[16] teilt, ist es für eine systematische Annäherung an das Thema notwendig, vier Interpretationen des Satzes »Computer besitzen mentale Zustände« zu unterscheiden.

Erstens kann der Satz metaphorisch aufgefasst werden, d.h., der Begriff des mentalen Zustands erinnert in Bezug auf Computer lediglich vage an menschliche bzw. tierliche mentale Zustände, ähnlich die Begriffe Denken, Bewusstsein, Emotionen und Kreativität. Es wird also keine starke KI-These vertreten, sondern das Denken eines Computers ist lediglich eine verkürzte Redeweise für komplexe Mathematik. Personifizierungen von Technik sind alltagssprachlich nicht unüblich. Dennoch würden die wenigsten Menschen ihrem Computer mentale Zustände zuschreiben, wenn er manchmal »spinnt« oder endlich »verstanden hat«, was er »tun« muss. Während eine solche Redeweise im Alltag meist gar nichts zur starken KI aussagen soll, geht die metaphorische Auffassung zumeist mit einer expliziten Negierung von mentalen Zuständen einher. Es gibt dieser Auffassung zufolge also lediglich schwache KI, während natürliche Intelligenz stark ist, d.h. Menschen (und Tiere) wirklich mentale Zustände besitzen. Diese Auffassung geht insbesondere auf Searles *Chinesisches Zimmer* (vgl. Kap. 2.2) zurück und ist bis heute wahrscheinlich die verbreitetste Ansicht zur KI.

Zweitens kann »Computer haben mentale Zustände« funktionalistisch bzw. im Sinne des Computermodells des Geistes aufgefasst werden, das Putnam (1994) in die analytische Philosophie eingeführt (später aber wieder verworfen) hat und das oben bereits angedeutet wurde. Vertreten wird das funktionalistische Computermodell des Geistes explizit u.a. von Jerry Fodor (1983; 2000), Steven Pinker (2011) und Marcin Milkowski (2013) in je unterschiedlicher Ausprägung. Darüber hinaus kommt es in vielen gängigen Auffassungen von Maschinenbewusstsein zum Tragen, wenngleich es nicht immer als solches reflektiert wird.

Allgemein wird unter Funktionalismus die These verstanden, dass mentale Zustände (d.h. Gedanken, Emotionen etc.) nicht durch eine ihnen eigene innere Verfasstheit bestimmt sind, sondern lediglich durch die Funktion oder Rolle, die sie innerhalb eines Systems einnehmen, wobei sich die Zustände des Systems durch Inputs verändern und in entsprechenden Outputs widerspiegeln (vgl. Kim 2006, S. 115–150; Beckermann 2008a, S. 141–180; Levin 2018). Jedoch lassen sich »Zustände und funktional definierte Teile [...] nicht nur in Computern, sondern in fast allen komplexen Systemen finden« (Beckermann 2008a, S. 156), weshalb Ansgar Beckermann die spezifisch mit dem Computermodell des Geistes einhergehende These als »Computerfunktionalismus«[17] bezeichnet. Ihr zufolge ist der »Geist (bzw. besser das Gehirn)

[...] im Wortsinn ein Computer« (ebd., S. 162), wobei mentale Zustände beim Menschen mehr oder weniger der Software beim Computer entsprechen. Für den (Computer-)Funktionalismus und verwandte Positionen wie den Behaviourismus[18] ist es daher kein weiter Weg, Computern Denken/Bewusstsein zuzuschreiben.

Auch wenn sich die Vertreter dieser Position typischerweise zur These der starken KI bekennen, sehe ich hinter dieser computerfunktionalistischen Auffassung vielmehr eine These der schwachen KI, die mit der These einer schwachen natürlichen Intelligenz verbunden ist: Menschliches Denken ist hier nämlich nichts anderes als das funktionalistische System eines Computers.

Drittens kann man eine echte These der starken KI vertreten, die mit einer starken These natürlicher Intelligenz einhergeht. Julian Nida-Rümelin und Nathalie Weidenfeld bezeichnen dies als die »animistisch[e] Fassung« (2018, S. 203, lat. *anima*, ›Seele‹) starker KI, die zumeist dem Verständnis von KI in Hollywood-Filmen entspricht (vgl. 2018, S. 203–204).

Beispielsweise gehen kartesischer Dualismus (vgl. Kim 2006, S. 30–33), Panpsychismus (vgl. Brüntrup/Jaskolla 2017), aber auch verschiedene nicht-reduktive Varianten des Physikalismus (vgl. Brüntrup 2018, S. 70–93) davon aus, dass mentale Zustände beim Menschen mehr sind als ein bloßes Input-Output-System wie im Computermodell des Geistes der zweiten Auffassung. Während der oben beschriebene Computerfunktionalismus also davon ausgeht, dass das menschliche Gehirn nichts anderes ist als ein Computer, würde diese dritte Variante einer starken KI also genau umgekehrt sagen, dass (manche) Computer nichts anderes sind als ein Geist. Dabei kommt eine solche Auffassung zum selben Ergebnis wie der Computerfunktionalismus, nämlich dass sowohl Computer als auch Mensch mentale Zustände besitzen. Jedoch beinhalten die beiden Auffassungen ein völlig verschiedenes Verständnis von mentalen Zuständen. Die zweite und dritte Auffassung sind zwar praktisch identisch, theoretisch aber grundverschieden, wenngleich beide Auffassungen typischerweise lediglich als »starke KI«-These gezählt werden.[19]

Viertens vervollständigt eine abenteuerliche Auffassung, die meines Wissens von niemandem vertreten wird, den logischen Raum dieser Debatte: Wenn man die Dichotomien »stark/schwach« und »KI/NI« jedoch beibehält, wäre es nämlich auch denkbar, eine starke KI einhergehend mit einer These schwacher natürlicher Intelligenz zu vertreten. Diese Position würde davon ausgehen, dass Computer wirkliche mentale Zustände besitzen, während Denken, Bewusstsein, Intentionalität bei Menschen (und Tieren) nur metaphorische Redeweisen darstellen.

Bei allen diesen Auffassungen ist es wichtig, den Begriff mentaler Zustände (Bewusstsein, Emotionen etc.) von dem Begriff der Intelligenz abzugrenzen. Letzterer wird zumeist als die Fähigkeit, Probleme zu lösen, aufgefasst. Klaus Mainzer etwa bezeichnet ein System (egal ob natürlich oder künstlich, d.h. Mensch, Tier oder Maschine) als intelligent, »wenn es selbstständig und effizient Probleme lösen kann«, wobei »[d]er Grad der Intelligenz [...] vom Grad der Selbstständigkeit, dem Grad der Komplexität des Problems und dem Grad der Effizienz des Problemlösungsverfahrens« (Mainzer 2019, S. 3) abhängt.

Dies entspricht in etwa dem, was beim klassischen IQ-Test gemessen wird, der auch nichts über die mentalen Zustände der Testpersonen aussagt. Dieser Definition zufolge kann ein Programm bzw. eine Maschine also durchaus intelligent sein, indem es Probleme selbständig und effizient löst. Es muss dafür nicht tatsächlich verstehen, denken und sich des Problems oder seiner selbst bewusst sein können.

Gegen eine solche Definition von Intelligenz stemmt sich u.a. Joseph Weizenbaum (1978, S. 268–300), der ähnlich wie Markus

Gabriel – dieser unter Verweis auf Luciano Floridi (2011, S. 61) – unter Intelligenz »das Vermögen zu denken« (2018, S. 92) versteht. Da Gabriel weiter davon ausgeht, dass nur biologische Wesen Denkvermögen besitzen, spricht er KI konsequenterweise auch Intelligenz ab. Im Folgenden verwende ich Intelligenz jedoch gemäß der Definition von Mainzer als Fähigkeit, Probleme zu lösen.

Dabei ist zu beachten, dass mit dem Attribut »intelligent« in der Alltagssprache nicht immer nur Intelligenz, sondern manchmal auch das Ergebnis von Intelligenz versehen wird, wie diese Beispielsätze zeigen: »Sie ist eine intelligente Wissenschaftlerin«, »Dies ist ein intelligentes Buch« und »Diese Lösung ist intelligent«. Selbstverständlich würde man nicht dem Buch, sondern seiner Autorin Problemlösungskompetenz zuschreiben. Ein Buch als intelligent zu bezeichnen drückt lediglich aus, dass das Buch eine überzeugende Lösung für ein Problem anbietet bzw. von einer intelligenten Person geschrieben wurde. Bei Computerprogrammen verschwimmt dieser Unterschied leicht, da viele als intelligent angesehene Maschinen gerade nicht die beschriebene Problemlösungsfähigkeit besitzen, sondern stattdessen gut durchdachte Lösungen für bestimmte Probleme sind. Darüber hinaus bezeichnen die Attribute »intelligent« bzw. »smart« in der Werbung für einige Elektroprodukte (Mobiltelefone, Kühlschränke, etc.) ihre Internetfähigkeit bzw. einen durch digitale Technik bedingten erweiterten Funktionsumfang.

Dies bedeutet selbstverständlich nicht, dass KI-Programme nicht auch intelligent im Sinne von Mainzers Definition sein können. KI, die selbständig Probleme lösen kann, ist jedoch stets auch ein gut durchdachtes Produkt menschlicher Intelligenz, das eine Lösung für ein bestimmtes Problem darstellt, beispielsweise die Herausforderung, eine Million Bilder richtig zu kategorisieren.

Bei den philosophischen Fragen, die ich in diesem Kapitel aufwerfe, ist immer nur die Rede von intelligenten Systemen gemäß

Mainzers Definition bzw. KI im Sinne der Informatik (vgl. Kap. 1.2). Es scheint dabei naheliegend, Unterschiede zwischen vergangener, gegenwärtiger und zukünftiger KI-Technik zu machen und davon auszugehen, dass gegenwärtig noch keine starke KI existiert, dies aber in Zukunft möglich sein wird.[20] Erstens spekuliere ich jedoch nicht über mögliche technische Revolutionen. Zweitens verstehe ich KI als anwendungsorientierten Begriff aus der Informatik (vgl. Kap. 1). Was in populären Vorstellungen mit KI verbunden wird, aber auf grundlegend anderer Technik aufbaut, ist daher nicht Thema dieses Buches. Dazu zählen vor allem biologische und genetische Verfahren, um möglicherweise künstliches Bewusstsein herzustellen. Drittens – und viel grundsätzlicher – verändert sich nichts am grundlegenden Aufbau und der physikalischen Struktur von KI-Systemen, auch wenn Prozessoren immer leistungsfähiger und künstliche NN (vgl. Kap. 1.3) immer komplexer werden. Ihrem Wesen nach (bzw. auf der Hardware-Ebene) basiert KI immer auf elektronischen Schaltungen, die physikalischen Gesetzmäßigkeiten unterliegen. Eine nennenswerte Ausnahme könnte *Quantum Computing* darstellen, wobei ich zum jetzigen Stand auch beim *Quantum Machine Learning* keinen wesentlichen konzeptionellen Unterschied zum konventionellen ML/NN erkenne.[21]

Technischer Fortschritt kann durchaus einen quantitativen bzw. graduellen Unterschied bei den mentalen Zuständen von Computern bedeuten. Ähnlich wie eine Ameise weniger komplexe mentale Zustände besitzt als ein Mensch, könnten die mentalen Zustände eines Computers von 1950 weniger komplex sein als die eines gegenwärtigen Supercomputers. Für einen qualitativen Unterschied bräuchte es darüber hinaus überzeugende zusätzliche Kriterien, um starke und schwache KI zu unterscheiden, wobei diese leicht Gefahr laufen, willkürlich zu wirken.[22]

Das ernüchternde Zwischenfazit zur Frage, ob KI mentale Zustände besitzen kann: Es kommt darauf an, ob und was genau mentale Zustände sind. Diese Grundfrage der Philosophie kann und möchte ich in diesem Kapitel jedoch nicht beantworten.

Dennoch ist die Frage nach Maschinenbewusstsein durchaus interessant, da sie neue Impulse für die Philosophie liefern kann. Mainzer führt etwa als ein Ziel der KI-Forschung an, »Informationssysteme mit emotionaler Intelligenz technisch zu modellieren oder sogar zu erzeugen« (2019, S. 125), und geht davon aus, dass »[i]n diesem Fall [...] Kognition ebenso wie Emotion nicht auf biologische Organismen beschränkt« (ebd.) wären. Catrin Misselhorn und Max Tegmark verweisen auf die von David Chalmers (1995) getroffene und seither in der Philosophie des Geistes verbreitete Unterscheidung zwischen »einfachen Fragen der Bewusstseinsforschung und dem *Schwierigen Problem des Bewusstseins*«, das darin besteht, »wie unser subjektives Innenleben auf der Grundlage von Gehirnprozessen zustande kommt und warum wir überhaupt eines haben« (je Misselhorn 2018, S. 36, Hervorh. im Orig.; vgl. Tegmark 2019, S. 419–469). Wenngleich mentale Zustände von Maschinen ein Folgeproblem dieses schwierigen Problems sind, kann KI durchaus Licht auf einige (auch nicht immer ganz so) einfache Fragen werfen.

Deshalb betrachte ich im Folgenden die zentralen Aspekte der jüngeren KI-Forschung, die für die Philosophie des Geistes von besonderer Bedeutung sind: Intentionalität und Sprachverarbeitung, Bewusstsein, Emotion und Kreativität.

2.2 Intentionalität und Sprachverarbeitung

Wie in Kap. 1.1 gezeigt, ist die maschinelle Sprachverarbeitung (*Natural Language Processing*, NLP) eines der zentralen Anwendungsgebiete von KI, aus dem heraus sich nicht nur zahlreiche Fragen zur Kognition von Maschinen ergeben, sondern auch wesentliche technische Fortschritte erreicht wurden, etwa bei maschinellen Übersetzungen, Sprachassistenten und dem Training von *Large Language Models*, die im Bereich der sogenannten Generativen KI zum Einsatz kommen.[23]

Während die von Noam Chomskys (1957) Universalgrammatik geprägte Linguistik die Relevanz von Maschinen für das Verständnis von sprachlichen Strukturen lange Zeit abstritt und ihren Fokus zunehmend von Semantik auf Syntax verlagerte[24], war Gerald Gazdar Mitte der 1980er Jahre der erste führende Linguist, der explizit eine »computational strategy« (Wilks 2018, S. 213) verfolgte und damit die Computerlinguistik (CL) als Teilgebiet der Linguistik an der Schnittstelle zur Informatik etablierte. Im Unterschied zu NLP handelt es sich bei der CL demnach nicht um eine konkrete Anwendung von maschineller Sprach-verarbeitung, sondern um die wissenschaftliche Untersuchung (menschlicher) Sprache mit Unterstützung von Computern (vgl. Wilks 2018; Gazdar/Mellish 1989).

Das von Joseph Weizenbaum entwickelte Programm ELIZA (1966, 1978) simuliert etwa eine psychologische Gesprächstherapie und gilt als früher Umsetzungsversuch des von Turing vorgeschlagenen Imitationsspiels, wenngleich ELIZA diesen Turing-Test selbst nicht bestand. Gleichzeitig löste ELIZA eine philosophische Debatte über den Begriff des Verstehens aus, in deren Rahmen Searle das Gedankenexperiment des *Chinesischen Zimmers* (vgl. Kap. 1.3) entwickelte und in der sich Weizenbaum zunehmend kritisch gegenüber der damals einsetzenden KI-Euphorie positionierte.

Laut Weizenbaum ist Sprachverständnis (beziehungsweise der Gehalt einer Information) immer vom Empfänger (d.h. vom Vorwissen und seinem jeweiligen Weltbild) sowie vom Kontext abhängig. Deshalb kann ein Programm aus prinzipiellen Gründen nicht verstehen (vgl. u.a. 1978, S. 13–33; 2001, S. 7–14). Ähnlich argumentiert auch Searle, der die Frage, ob Computer mentale Zustände haben können, anhand des Verstehensbegriffs analysiert. Da Computer laut Searle keine Intentionalität besitzen, ist auch ihr Verstehen »gleich Null« (Searle 1994, S. 240; vgl. Searle 1986; 2018, S. 313–317). Verstehen wird in Bezug auf Maschinen demnach lediglich metaphorisch verwendet, indem Menschen ihre eigene Intentionalität auf Kunsterzeugnisse übertragen. Computer sind laut Searle lediglich »der verlängerte Arm unserer Zielsetzungen, und deshalb finden wir es natürlich, ihnen metaphorisch Intentionalität zuzuschreiben, aber philosophisch [...] ist dergleichen ohne Belang« (ebd., S. 239–240). Unter Intentionalität versteht Searle (wie allgemein in der Philosophie des Geistes üblich) nichts anderes als »diejenige Eigenschaft vieler geistiger Zustände und Ereignisse, durch die sie auf Gegenstände oder Sachverhalte in der Welt gerichtet sind oder von ihnen handeln« (1991, S. 15).

Aus sprachphilosophischer Perspektive muss diese Debatte im Kontext der sich in den 1960er Jahren etablierenden Pragmatik gesehen werden, die vor allem auf die Arbeiten zur nicht-natürlichen Bedeutung von Paul Grice (1989) sowie zur Sprechakttheorie von John Austin (1986) und Searle (1983) zurückgeht. Die Pragmatik als linguistische Disziplin erfasst nämlich – im Unterschied zur Semantik – eben jenen Teil von Bedeutung, der auf Grundlage oder in Abhängigkeit des Sprachgebrauchs, also unter Einbezug von Kontext und Sprecherintention, entsteht (vgl.

Huang 2007; Meibauer 2001). Wenn ich z.B. gegenüber einem massiv störenden Studenten den Satz »Dort ist die Tür« äußere und dabei auf die Türe deute, ist dies syntaktisch, lexikalisch und semantisch nur eine Aussage darüber, wo im Raum sich die Tür befindet. Erst unter Hinzunahme des Sprachgebrauchs (z.B. zusätzliches Wissen über den Kontext) wird deutlich, dass es sich hier um einen indirekten, aber direktiven Sprechakt im Sinne Searles (vgl. 1983; Huang 2007, S. 106–118) handelt, und man wird mir (richtigerweise) die Intention unterstellen, den Studenten zum Verlassen des Raums aufzufordern. Meine Intentionalität ist also nicht nur auf die Tür gerichtet, sondern auf eine komplexe Situation und das Vorwissen der Sprachgemeinschaft. Es sind auch Kontexte denkbar, in denen »Dort ist die Tür« mit einer anderen Intention geäußert wird, beispielsweise wenn ich meinem Team in einem *Escape Game* einen Hinweis gebe.

Für Menschen ist es selbstverständlich, die tatsächliche Bedeutung eines Satzes über den Kontext und Annahmen zur Sprecherintention zu verstehen.[25] Für Maschinen ist der pragmatische Aspekt sprachlicher Bedeutung aber nach wie vor eine große Herausforderung, wenngleich die Modellierung von pragmatischen Phänomenen in der jüngeren CL eine immer größere Rolle spielt (vgl. Carstensen 2010, S. 394–409).

Auch Michael Tomasello sieht den Ursprung von Kommunikation nicht in der konventionellen Bedeutung sprachlicher Zeichen, sondern in der Kooperation, was er u.a. durch empirische Studien belegt (vgl. 2009, 2020). Sprache, ihre Entstehung und Entwicklung sind für ihn eng mit den acht Merkmalen verbunden, die er für das Menschsein ausmacht: soziale Kognition, Kommunikation, kulturelles Lernen, kooperatives Denken, Zusammenarbeit, Prosozialität, soziale Normen und moralische Identität. Derlei kooperative Facetten natürlicher Sprache werden in der CL bisher jedoch vernachlässigt.

Eine einflussreiche Kritik an den Fähigkeiten von Computern geht auf Hubert Dreyfus (1985, 1992; Dreyfus/Dreyfus 1987) zurück. Ihm zufolge können Computer nur propositionales Wissen (*knowing that*), aber kein praktisches Wissen (*knowing how*) repräsentieren. Praktisches Wissen entsteht durch die Eingebundenheit des Menschen in der Welt und ist essenziell für sein Dasein (z.B. weiß ich, wie man Auto fährt, aber kann es nur schwer mit Worten beschreiben). In der Philosophie ist umstritten, ob es auf propositionales Wissen zurückgeführt werden kann, was jedoch möglich sein muss, wenn man das Denken und die Intentionalität von Mensch und Maschine gleichsetzen will.[26]

Davon unbenommen haben NLP-Anwendungen in den letzten Jahren aber beeindruckende Ergebnisse erzielt, z.B. in journalistischen Schreibprogrammen (insbesondere im Bereich Finanz- und Sportnachrichten), Übersetzungsprogrammen und Chatbots, die Unternehmen zunehmend in der Kundenkommunikation einsetzen (vgl. u.a. Mainzer 2019, S. 78–79; Russell/Norvig 2016, S. 860–927). Große Aufmerksamkeit haben in den letzten Jahren *Large Language Models* (LLMs) erlangt, auf deren Basis textgenerierende KI-Anwendungen erstellt wurden. Prominentestes Beispiel ist der Generative Pretrained Transformer (GPT, in seinen verschiedenen Versionen GPT 3, GPT 4, ChatGPT etc.) des Unternehmens OpenAI. Grundlage für das Training dieser Anwendungen sind riesige Datensätze aus Textbeispielen, die wohl mindestens das frei verfügbare Internet und zahlreiche Buchkorpora umfassen. Diese wurden mithilfe von ML (Kap. 1.3) in ein Modell natürlicher Sprachverwendung umgesetzt, das statistische Zusammenhänge und Wahrscheinlichkeiten bestimmter Wortfolgen abbildet und mit einem ebenfalls mithilfe von ML-Verfahren erkannten Kontext verknüpft. Anwendungen wie ChatGPT korrelieren wiederum eine Usereingabe (sog. Prompt) mit dem LLM und geben Wörter und Wortfolgen dem statistischen Modell entsprechend zurück. Dies geschieht inzwischen in einer solchen Geschwindigkeit und mit solcher Präzision, dass bei vielen Menschen der Eindruck entsteht, derlei statistische Verfahren würden tatsächlich einer menschlichen Sprachverwendung nahe- oder gar gleichkommen.

Doch aus philosophischer Sicht ist nach wie vor die Frage unbeantwortet, ob Maschinen natürliche Sprache tatsächlich verstehen – selbst wenn Maschinen Sprache so gut modellieren, abbilden und wiedergeben können, dass für Menschen nicht mehr unterscheidbar ist, ob eine Übersetzung beispielsweise von einem Menschen oder einer Maschine angefertigt wurde. Es geht gewissermaßen um den Unterschied »zwischen Schmerzbenehmen mit Schmerzen und Schmerzbenehmen ohne Schmerzen«, nach dem Ludwig Wittgenstein in den *Philosophischen Untersuchungen* (2003, §304) fragt. Die Intentionalität von NLP setzt aber Maschinenbewusstsein voraus, was jedoch fraglich ist, wie ich im Folgenden zeige.

2.3 Bewusstsein

Wie bereits gesagt, geht es mir nicht darum, die Frage nach Maschinenbewusstsein zu beantworten. Vielmehr möchte ich ihre philosophischen Dimensionen aufzeigen und dafür zunächst klären, was unter Bewusstsein verstanden wird. Catrin Misselhorn verweist dazu auf die von Ned Block (1996) getroffene Unterscheidung zwischen Zugangsbewusstsein und phänomenalem Bewusstsein:

»Phänomenales Bewusstsein bezeichnet das subjektive Erleben: Dieses bezieht sich darauf, wie es sich anfühlt, in einem bestimmten mentalen Zustand zu sein, beispielsweise etwas Rotes wahrzunehmen oder Schmerz zu empfinden. Zugangsbewusstsein hingegen betrifft die kognitive Seite des Bewusstseins: Ein Zustand ist zugangsbewusst, wenn er in rationalen Überlegungen und zur rationalen Kontrolle von Handlungen verwendet werden kann. Zumeist geht es auch mit der Möglichkeit des sprachlichen Ausdrucks einher.« (Misselhorn 2018, S. 35)

Wenngleich beide Formen häufig zusammengehen, ist dies laut Block nicht immer der Fall: Auch Tiere, die nicht logisch denken oder sprechen können, besitzen der empirischen Wissenschaft zufolge phänomenales Bewusstsein (vgl. Metzinger 2017a, S. 33–46). Umgekehrt scheint die Annahme von Zugangsbewusstsein bei Maschinen weniger problematisch als phänomenales Bewusstsein. Misselhorn schreibt Searles *Chinesischem Zimmer* (vgl. Kap. 1.3 und 2.2) nämlich durchaus Zugangsbewusstsein, aber kein »phänomenales Verstehenserlebnis« (2018, S. 36) zu. Letzteres ist jedoch die philosophisch interessantere Form von Bewusstsein, die Nagel wie folgt definiert:

»Die Tatsache, dass ein Organismus *überhaupt* bewusste Erfahrung hat, heißt erst einmal, dass es irgendwie ist, dieser Organismus zu sein.« (Nagel 2018, S. 9, Hervorh. im Orig.)

Ähnlich sieht dies auch Thomas Metzinger, für den Bewusstsein den phänomenalen Gehalt mentaler Repräsentationen darstellt (vgl. 2017a, S. 28). Im Unterschied zu Nagel sieht er es jedoch als vollständig naturwissenschaftlich erklärbar an. Die ihm zufolge in den Geisteswissenschaften und der Öffentlichkeit verbreitete Angst vor diesem Reduktionismus geht für ihn mit »Irrationalismus und Obskurantismus» (S. 37) einher.[27] Metzinger geht daher davon aus, dass Maschinen auch phänomenales Bewusstsein haben können (vgl. 2017a, S. 273–298), wenngleich er aus ethischen Gründen explizit davor warnt, mithilfe von Technik künstliches Bewusstsein zu schaffen (vgl. Kap. 4).

In einem von ihm mitverfassten Diskussionspapier der Stiftung für Effektiven Altruismus drückt sich das wie folgt aus: »Es existiert [...] ein relativ solider Konsens darüber, dass Maschinen prinzipiell über Bewusstsein verfügen können und dass Maschinenbewusstsein zumindest in *neuromorphen* Computern möglich ist. Solche Computer haben Hardware derselben funktionalen Organisation wie ein biologisches Gehirn« (Mannino u.a. 2015, S. 10, Hervorh. im Orig.), wobei hinzuzufügen ist, dass der dort zitierte Konsens sich vor allem auf einen ausgewählten Kreis ähnlich denkender Philosophen, Neurowissenschaftler und Futorologen wie Hans Moravec (2001), David Chalmers (1995a, 1996), Nick Bostrom (2018), Daniel Dennett (1993) und Thomas Metzinger (u.a. 2017a) selbst beschränkt.[28]

Für Metzinger ist künstliches Bewusstsein daher »nicht so sehr ein theoretisches Problem in der Philosophie des Geistes, sondern vielmehr eine technologische Herausforderung« (2017a, S. 275). Dagegen glaubt Ansgar Beckermann als einflussreicher Vertreter des Physikalismus, dass KI-Programme »keine realistischen oder adäquaten Modelle geistiger Fähigkeiten« sind, aber trotzdem »dem Geist die Aura des Unerklärbaren« (je Beckermann 1994, S. 85) nehmen.

Weiterhin wird in dem Diskussionspapier die Frage aufgeworfen, welche Typen von Maschinen Bewusstsein haben können. Adriano Mannino u.a. (2015, S. 10–11) sehen diese sogar als viel drängender als die eigentliche Frage, ob Maschinen Bewusstsein besitzen. Neuromorphe Computer (d.h. gehirnanaloge KI-Architekturen, wie sie etwa im Human Brain Project entwickelt werden) zählen zu den aussichtsreichsten gegenwärtigen Kandidaten für maschinelles Bewusstsein.

Im Zusammenhang dieser Diskussion sieht auch Nick Bostrom die Substratunabhängigkeit als »in der Philosophie des Geistes verbreitet« (2018, S. 192) und »relativ unumstritten« (S. 193) an.[29] Dabei handelt es sich um die Annahme, »dass mentale Zustände auf vielen verschiedenen physischen Substanzen supervenieren können« (ebd.), Bewusstsein also nicht notwendig von einer Kohlenstoffbasis abhängt, sondern beispielsweise auch auf einer Siliziumbasis existieren kann, wenn dort komputationale Prozesse strukturgleich (oder zumindest sehr ähnlich) zu menschlichem Bewusstsein organisiert sind.

Wohlgemerkt geht diese These mit einem (mehr oder weniger stark ausgeprägten) Computermodell des Geistes beziehungsweise Computerfunktionalismus einher und entspricht daher dem oben beschriebenen Gedankengang, dass Maschinen deshalb Bewusstsein haben, weil Bewusstsein prinzipiell nichts anderes ist als ein System aus Inputs und Outputs, sodass konsequenterweise auch ein Computer, »der ein geeignetes Programm abspult, über Bewusstsein verfügt« (Bostrom 2018, S. 193).

Diesem Gedanken wohnt jedoch eine gewisse Zirkularität inne. Zumindest ist es von der funktionalistischen Grundidee, phänomenales Bewusstsein auf die Funktionsweise eines Computers (oder einer sequenziellen virtuellen Maschine, vgl. Dennett 1993, S. 218) zu reduzieren, kein weiter Argumentationsweg hin zu der These, dass auch Computer »phänomenales Bewusstsein« haben, da dieses ja gerade – so die Prämisse – auf die Funktionsweise eines Computers reduziert werden kann.

Jedoch folgt jede These zum Maschinenbewusstsein mehr oder weniger direkt aus den jeweiligen Grundpositionen zum Körper-Geist-Problem. Philosophisch problematisch ist bei vielen Vertretern von Maschinenbewusstsein daher nicht, dass sie aus einer philosophischen Grundposition heraus Maschinen Bewusstsein zuschreiben, sondern dass sie ihre Grundannahmen häufig nicht reflektieren. Hier unterscheiden sich insbesondere Metzinger und Dennett als sicher streitbare, aber bedeutende Vertreter einer empirischen analytischen Philosophie des Geistes stark von Futurologen wie Bostrom und Tegmark, die Funktionalismus und die naturwissenschaftliche Erklärbarkeit von Bewusstsein stillschweigend als philosophischen Konsens präsentieren.

Auch unabhängig von der These der naturwissenschaftlichen Erklärbarkeit gibt es bei Metzinger Lektionen zum Thema Bewusstsein zu lernen, etwa den interessanten Gedanken, dass »Bewusstsein kein ›Alles-oder-Nichts‹-Phänomen ist«, sondern ein »graduell auftretendes Phänomen«, das »sich in vielen verschiedenen Schattierungen und Stärkegraden« (Metzinger 2017a, S. 38) zeigt. Außerdem ist Bewusstsein laut Metzinger »kein einheitliches Phänomen, sondern es besitzt eine Reihe voneinander unterscheidbare Aspekte: Gedächtnis, Aufmerksamkeit, Gefühle, die Wahrnehmung von Farbe oder Selbstbewusstsein und Gedanken höherer Ordnung« (ebd.), wobei letztere insbesondere im menschlichen Selbstmodell auftauchen.

Hier lohnt sich der etwa von Nagel angestoßene Vergleich zum Bewusstsein von Fledermäusen, die »die Außenwelt primär durch Radar oder Echolotortung wahrnehmen« (2018, S. 15). Trotz ihrer völlig von unserer verschiedenen Wahrnehmung würden wir ihnen nicht den »subjektiven Charakter von Erfahrung« (2018, S. 9) absprechen, der für phänomenales Bewusstsein kennzeichnend ist.

Selbst wenn man glaubt, dass sowohl Menschen als auch Maschinen phänomenales Bewusstsein haben können, sollte man daher auf keinen Fall den Fehler begehen, die Art des Maschinenbewusstseins mit der Art des menschlichen Bewusstseins gleichzusetzen. Falls (!) Maschinen nämlich den für phänomenales Bewusstsein kennzeichnenden subjektiven Charakter von Erfahrung besitzen, dann ist dieser zwar vom Genus her mit menschlicher Erfahrung identisch, von der Art her aber so grundverschieden wie die Wahrnehmung der Außenwelt durch Echolotortung. Die Philosophie des Geistes steht also vor dem Problem, wie es ist, eine Maschine zu sein, dem »What Is It Like to Be a *Bot*?«, das mindestens so rätselhaft ist wie Nagels »What Is It Like to Be a *Bat*?«. Die visuelle Wahrnehmung eines androiden Roboters, etwa durch eine Full-HD-Kamera, ist (sofern es denn eine Wahrnehmung ist) etwas anderes als die visuelle Wahrnehmung durch ein menschliches Auge. Grundverschieden von menschlichem Bewusstsein müssen vor allem die subjektiven Erfahrungen einer simplen KI-Anwendung sein, die lediglich durch elektronische Spannung auf seiner Hardware repräsentiert ist (gewissermaßen: »What Is It Like to Be a *Bit*?«[30]) und der Vertreter einer starken KI-These ebenso Bewusstsein zuschreiben müssten. Man könnte sogar fragen, ob es für das Bewusstsein der KI einen Unterschied macht, auf welcher Hardware ein Programm ausgeführt wird: Wenn ich ein NN auf meinem Laptop trainiere, ist sein Bewusstsein dann ein anderes, als wenn ich es auf IBMs Summit[31] trainiere? Analog dazu unterscheidet sich das (Körper-)Bewusstsein eines Greises erheblich von dem einer Spitzensportlerin und dem eines Kleinkinds.

Diese hier aufgezeigten Absurditäten stellen zwar kein prinzipielles Argument gegen Maschinenbewusstsein, starke KI oder gar den Computerfunktionalismus dar, zeigen aber auf, auf welch dünnes philosophisches Eis man sich begibt, wenn man gegenwärtige KI als phänomenal bewusst ansieht und die Art der subjektiven Erfahrungen dieser KI mit den subjektiven Erfahrungen von Tieren oder Menschen vergleicht.

Dabei ist jedoch zu beachten, dass die Art des subjektiven Charakters von Erfahrung (wenn es diesen gibt) eines neuromorphen Computers (wenn es diesen jemals gibt), in dessen »Gehirn« künstliche Neuronen baugleich angeordnet sind wie menschliche Neuronen, durchaus der eines Menschen sehr nahe kommen könnte, wobei es bis zu dessen Entwicklung sowohl technisch als auch philosophisch noch ein sehr weiter Weg ist. Interessant ist an dieser Stelle auch, über die Veränderung des subjektiven Charakters der Erfahrung beim Menschen nachzudenken, die möglicherweise mit *Human Enhancements* einhergeht, d.h. mit »Methoden einer [...] technischen Optimierung des Menschen« (Loh 2018, S. 50, vgl. Kap. 3.1). Ein berühmtes Beispiel ist der Eyeborg-Farbsensor, den sich der farbenblinde Cyborg-Aktivist Neil Harbisson (2012) hat implantieren lassen, um Farben zu hören.[32]

Grundsätzlich geht es also nicht nur darum, ob und welche Typen von KI Bewusstsein besitzen, sondern auch um die Frage, welcher Schattierung und welchem Stärkegrad von Bewusstsein sich Maschinenbewusstsein (falls überhaupt) zuordnen lässt – wobei die Frage nach unterschiedlichen Schattierungen und Stärkegraden selbstverständlich auch für tierliches und menschliches Bewusstsein hochrelevant ist.

Bei aller denkbaren Kritik am Computerfunktionalismus und seinen Vertretern darf an dieser Stelle jedoch nicht vergessen werden, die Leistungen der Kognitions- und Neurowissenschaften (bzw. der interdisziplinären KI-Forschung, vgl. Kap. 1.1) hervorzuheben, die mithilfe von Computertechnologie in den letzten Jahrzehnten ein immer besseres Verständnis von (menschlicher) Kognition entwickelt haben (vgl. Metzinger 2017a; Lenzen 2018, S. 20; Mainzer 2019, S. 99–138). Dies hängt selbstverständlich mit der empirischen Tatsache zusammen, dass sich (menschliche) psychische Zustände funktional charakterisieren lassen und als Ursache von Ereignissen und Verhalten im naturwissenschaftlichen Sinne gelten.

Jede kluge Kritik am Computerfunktionalismus kann diese Leistungen der empirischen Wissenschaft weder bezweifeln noch schmälern, sondern lediglich abstreiten, dass – wie Nagel es ausdrückt – »derartiges eine vollständige Analyse [von Bewusstsein] ergibt« (2018, S. 11), d.h. benennen, dass der Computerfunktionalismus als Position im Körper-Geist-Problem falsche, verfrühte, übertriebene oder missverständliche philosophische Schlussfolgerungen aus den naturwissenschaftlichen Erkenntnissen zieht. Durchaus kann ein KI-Programm in seiner Struktur und seinem Verhalten nämlich Parallelen zu tierlichen oder menschlichen Gehirnen aufweisen. Doch beschränken sich diese Parallelen lediglich auf den physikalischen Aufbau, der vielleicht nur ein kleiner Aspekt dessen ist, was Bewusstsein ausmacht. Gleichzeitig ist der physikalische Aufbau des Gehirns (und dies ist seit jeher die philosophische Crux am Körper-Geist-Problem) das einzige Substrat von Bewusstsein, das naturwissenschaftlich greifbar ist.

2.4 Emotionen

Die Diskussion um Emotionen ist eng mit der Bewusstseinsfrage verknüpft (vgl. Goldie 2002), eröffnet aber einen eigenen Blickwinkel auf die Frage, ob Maschinen subjektive Erfahrungen bzw. mentale Zustände besitzen. Ähnlich wie beim Bewusstsein sind auf KI basierende Computersimulationen, wie sie in den interdisziplinären Neurowissenschaften durchgeführt werden, durchaus sinnvoll, um das psychologische Phänomen der Emotion besser zu verstehen, insbesondere auf der Verhaltensebene und der physiologisch-biochemischen Ebene.

Gleichzeitig ist es beispielsweise bei der Entwicklung von Servicerobotern, aber auch beim Einsatz von KI im Online-Marketing ein wichtiges praktisches Ziel, dass die KI auch »emotional intelligent« ist, um beispielsweise auf Kundenwünsche einzugehen (positiv ausgedrückt) oder Kunden gezielt zum Produktabschluss manipulieren zu können (negativ ausgedrückt). Dafür müssen Maschinen jedoch »nicht tatsächlich Schmerz und Freude empfinden« (Mainzer 2019, S. 131), die KI muss lediglich die Emotion von Menschen erfassen, verstehen und adäquat mit ihr umzugehen wissen. Dieses relativ junge Forschungsfeld der Informatik wurde Mitte der 1990er von Rosalind Picard (1997) begründet und wird zumeist als *Affective Computing* bezeichnet.

Affective Computing darf jedoch nicht verwechselt werden mit der Frage, ob Maschinen selbst Emotionen haben können. Dies hängt stark davon ab, wie man Emotionen verstehen möchte, wobei sie typischerweise als Bereich des Bewusstseins beziehungsweise des subjektiven Erlebens gesehen werden (vgl. Mainzer 2019, S. 125–138; Metzinger 2017a; Scheutz 2018, S. 258).

Darüber hinaus unterscheidet die Philosophie grundsätzlich zwischen kognitivistischen und non-kognitivistischen Erklärungen (vgl. Misselhorn 2018, S. 38–41; Demmerling/Landweer 2007; Döring 2009; Goldie 2002), abhängig davon, ob Emotionen eher als kognitives Element (Gedanken) oder als Gefühle verstanden werden. Je kognitivistischer man Emotionen begreift, desto eher wird man geneigt sein, sie durch Rationalität zu erklären, desto eher wird man sie auch Robotern, Maschinen und KI zugestehen.

Dennoch ist – ähnlich wie beim Thema Bewusstsein – der subjektive Erlebnischarakter der Emotion die größte Herausforderung für die Erklärung von künstlichen Emotionen (vgl. Misselhorn 2018, S. 44). Während es schon schwer bis unmöglich ist, den Schmerz eines anderen Menschen nachzufühlen (vgl. Wittgenstein 2003, §§ 243–315), dürfte es noch schwerer sein, etwas darüber zu sagen, wie es sich für eine KI anfühlt, Schmerz oder Freude zu empfinden. Jedoch stellt sich dieselbe Herausforderung des subjektiven Erlebnischarakters bei der Erklärung der Emotionen von Tieren, und dennoch gibt es einen breiten wissenschaftlichen Konsens, dass Tiere empfindungsfähig sind (vgl. Cavalieri/Singer 1994; Schmitz 2014), sodass diese Schwierigkeit nicht zwangsläufig ein Argument gegen die Empfindungsfähigkeit von Maschinen darstellt.

Die philosophische Debatte um künstliche Emotionalität konzentriert sich dabei hauptsächlich auf Leiden/Schmerz und Freude/Glück, die gleichzeitig die wichtigste Währung in der konsequentialistischen/utilitaristischen Ethik (vgl. Kap. 4) darstellen. Metzinger sieht etwa Empfindungsfähigkeit/Emotionalität – und hier insbesondere die Leidensfähigkeit – als unmittelbare Konsequenz von künstlichem Bewusstsein (vgl. 2017a, S. 273–372; 2017b) und warnt aus diesem Grund explizit vor der Schaffung/Vermehrung von Leid durch technische Experimente mit künstlichem Bewusstsein (das er im Rahmen von KI für möglich hält, vgl. Kap. 2.2 u. 4.5). Im direkten Gegensatz dazu plädiert etwa Bostrom, der Emotion interessanterweise als »Fähigkeit, das Leben zu genießen und affektiv angemessen auf Situationen und Menschen zu reagieren« (2018, S. 146) definiert, unverhohlen für künstliche Emotionalität und beschreibt ausführlich die »emotionale Verbesserung« (ebd., S. 163), die mit der sogenannten posthumanen Lebensweise einhergeht (vgl. Kap. 3.1).

Für Joseph Weizenbaum ist der dabei häufig zum Ausdruck gebrachte unreflektierte Optimismus nichts anderes als »eine Verachtung für das Leben«, die darauf zurückzuführen ist, dass eine »*Artificial-Intelligence*-Elite glaubt, Gefühle wie Liebe, Kummer, Freude, Trauer und alles, was die menschliche Seele mit Gefühlen und Emotionen aufwühlt, ließen sich einfach mir nichts dir nichts in einen Maschinenartefakt mit Computergehirn transferieren« (je 2001, S. 42, Hervorh. im Orig.). Weizenbaum warnt dabei nicht nur explizit vor den Folgen für das Menschenbild (vgl. Kap. 3), sondern sieht insbesondere die um sich greifende Naturwissenschaftsgläubigkeit als Ursache dafür, menschliches

Bewusstsein und menschliche Emotionen zu unterschätzen und die Leistungen von Computern auf diesem Gebiet massiv überzuinterpretieren und misszuverstehen.

Dieses Argument lässt sich auch auf Fragen der Kreativität und Kunst ausdehnen, die ich im Folgenden genauer betrachte.

2.5 Kreativität und Kunst

Vor allem, aber nicht nur in der populären Debatte um KI wird kontrovers diskutiert, ob KI kreativ sein kann (vgl. Volland 2018, Scheer 2019), insbesondere im Zusammenhang mit beeindruckenden Projekten, die das Verständnis von Kunst infrage stellen, z.B. *Next Rembrandt*, dem Telekom-finanzierten Projekt zu Beethovens *Unvollendeter Symphonie* sowie verschiedenen mit KI-Unterstützung geschriebenen Romanen und Drehbüchern.[33]

Die Antwort der Philosophie kann auch hier nur lauten: Das hängt davon ab. Zum einen davon, was man unter Kreativität und Kunst versteht, d.h. ob Bewusstsein, Emotion und Intentionalität Grundvoraussetzungen sind, um Kunst zu schaffen. Weizenbaum drückt dies wie folgt aus: »Um kreativ zu sein, muß das kreative Instrument, z.B. der Mensch oder der Computer, wissen, daß er kreativ ist.« (2001, S. 48) Zum anderen hängt dies davon ab, ob man KI jene Eigenschaften zuschreibt, d.h. ob ein Computer wissen kann, dass er kreativ ist, was – wie in den vorherigen Abschnitten gezeigt – selbst eine komplexe philosophische Frage ist.

Gleichzeitig ermöglicht die Frage, ob KI kreativ sein kann, es, die Begriffe von Kreativität und Kunst in neuem Licht zu sehen, und eröffnet einen interessanten Einstieg in eine Debatte, die viel älter ist als moderne Computertechnik und mindestens auf die Romantisierung von Automaten im 19. Jahrhundert zurückgeht (vgl. Mainzer 2019, S. 7–10). Beispielsweise schreibt Ada Lovelace Mitte des 19. Jahrhunderts spekulativ über die *Analytic Engine* des Ingenieurs Charles Babbage, dass eine Maschine »umfangreiche und auf wissenschaftliche Weise erzeugte Musikstücke jeder Komplexität und Länge komponieren« könnte, dabei jedoch »nur das schaff[t], was wir ihr zu befehlen wissen« (je Lovelace 1842, dt. nach Mainzer 2019, S. 9). Dieses Zitat hat als »Einwand der Lady Lovelace« (Turing 1994, S. 62) durch die Rezeption von Douglas Hartree (1949) in der frühen KI-Debatte einige Wirkung entfaltet.

In der Kognitionswissenschaft wird Kreativität allgemein als »the ability to come up with ideas or artefacts that are *new, surprising and valuable*« (Boden 2004, S. 1, Hervorh. im Orig.) aufgefasst. Gemäß dem Lovelace-Einwand scheitert KI jedoch an den Kriterien Neuheit und Überraschungscharakter. Turing entgegnet dem wiederum, dass sich niemand »sicher sein [kann], daß eine ›schöpferische Arbeit‹, die er geleistet hat, nicht nur ein Produkt seiner geistigen Erziehung ist oder der Effekt, der einem Nachvollzug allgemeiner Prinzipien entspringt« (Turing 1994, S. 63), sodass auch menschliche Kunst nichts »Neues« darstellt. Der Gedanke, dass »Maschinen [...] nicht Anlass zu Überraschung geben«, ist für Turing dagegen ein Trugschluss, der in der Annahme besteht, »daß sich, sobald eine Tatsache dem Verstand mitgeteilt wird, auch gleichzeitig sämtliche Folgen dieser Tatsache dem Verstand offenbaren« (je 1994, S. 64) – oder vereinfacht gesagt: Nur weil alles, was KI hervorbringt, theoretisch berechenbar ist, kann das Resultat praktisch dennoch überraschen.

Bei der ebenfalls in der Definition enthaltenen Fähigkeit, selbständig Ideen oder Artefakte zu entwickeln, wird es für Maschinen jedoch kritisch, wenn man ihnen nicht Intentionalität, Bewusstsein und ggf. Emotionen zugesteht. Für den Kunstbegriff stellt sich auch jenseits der Bewusstseinsfrage die Herausforderung, wer Urheber von KI-geschaffener Kunst, d.h. wer der eigentliche Künstler ist: Die Maschine (also das Programm beziehungsweise seine Hardware-Realisierung) oder die Programmiererin, die die KI entwickelt hat. Dies erinnert an den Rechtsstreit zwischen dem Fotografen David Slater und der Tierschutzorganisation PETA um das Copyright am Selfie eines Schopfmakaken (vgl. Hertreiter 2017) oder das u.a. von Putnam aufgeworfene Gedankenexperiment einer Ameise, die im Sand umherkriecht und dabei das (vermeintliche?) Bild von Winston Churchill zeichnet (vgl. 1990, S. 15).

Insbesondere die Tradition der Rezeptionsästethik und des Poststrukturalismus geht – vereinfacht zusammengefasst – davon aus, dass Kunst erst beim Betrachter entsteht bzw. der Autor nicht die letzte Instanz eines Werks ist, dieser also sprichwörtlich tot ist (vgl. Barthes 2005). Deshalb spielt es für seinen künstlerischen Wert keine Rolle, ob ein Gemälde von Botticelli oder *Bot*icelli – ganz gleich, ob bewusst oder nicht – geschaffen wurde.

Forscher der Rutgers University haben z.B. einen Turing-Test für Kunst entwickelt, wobei die Testpersonen KI-erzeugte Bilder als künstlerischer ansahen als von Menschen für die Art Basel geschaffene (vgl. Elgammal u.a. 2017). Jedoch basieren sowohl die in dieser Studie gezeichneten Bilder als auch viele gegenwärtige Großprojekte (*Next Rembrandt*, die Vollendung Beethovens zehnter Symphonie etc.) technisch auf der Nachahmung vorhandener Kunst[34] – was wiederum die kunsttheoretisch interessante Frage aufwirft, inwieweit die Nachahmung beziehungsweise Kopie von Kunst selbst Kunst sein kann.

Vor allem darf bei aller Euphorie für KI-generierte Kunst nicht übersehen werden, dass die KI selbst in vielen Fällen als Medium beziehungsweise Werkzeug der Kunst dient, der *Next Rembrandt* also beispielsweise nur deshalb so spektakulär ist (und manchen Menschen als Kunstwerk gilt), weil er von einem KI-Programm und nicht von einem handwerklich begabten Kunstfälscher wie Wolfgang Beltracchi gemalt wurde, während ein möglicher KI-basierter »übernächster« oder gar »überübernächster« Rembrandt deutlich weniger Strahlkraft besitzen dürfte.

Daran knüpft ein Gedanke an, der sich unmittelbar aus Walter Benjamins 1935 verfasstem Aufsatz zum »Kunstwerk im Zeitalter seiner technischen Reproduzierbarkeit« (2003) ergibt.[35] Auf den Wandel der Kunst durch die Entwicklung von Film und Fotografie bezogen, führt Benjamin die Folgen der Möglichkeiten der Reproduktion von Kunst aus, die sich unmittelbar aus dem Verlust ihrer »Aura« ergibt, welche in der Einmaligkeit und der Geschichte eines Kunstwerks besteht, und warnt vor der politischen Vereinnahmung dieser massenhaft verfügbaren Kunst.[36]

Durch die Digitalisierung sind (fast[37]) perfekte Reproduktionen etwa von Musik, Filmen, Fotos und Textdokumenten möglich geworden, sodass es technisch nicht mehr möglich ist, zwischen Original und Kopien eines (digitalen) Kunstwerks zu unterscheiden: Welches ist z.B. die Original-Audiodatei zur Vollendung von Beethovens *Unvollendeter*, und welche Versionen sind nur Sicherungskopien? Wenn KI es darüber hinaus ermöglicht, Kunst auf Knopfdruck (oder sogar vollautomatisch) permanent zu optimieren, geht über die Einmaligkeit hinaus auch die Echtheit des Kunstwerks verloren. Welche Version von Beethovens *Unvollendeter* gilt denn beispielsweise als die tatsächliche Vollendung? Im ML/NN werden durch *trial and error* unendlich viele Versionen kreiert, die allesamt von vorgegebenen Ausgangsparametern abhängen (u.a. Lernverfahren, Anzahl an Neuronen, Anzahl der Trainingsläufe etc., vgl. Kap 1.3). Gleichzeitig gibt es keine Garantie dafür, dass KI in Zukunft nicht eine noch »vollendetere« Version berechnet.[38] Ähnlich wie in der maschinellen Sprachverarbeitung (vgl. Kap. 2.2) sind in den letzten Jahren zahlreiche KI-Anwendungen (z.B. Dall-E, Midjourney) popularisiert worden, die zur Generierung von Bildern, Musik und Videos eingesetzt werden können und analog zu den textgenerierenden KIs ebenfalls auf großen statistischen Modellen fußen. Auf Usereingaben basierend, liefern sie ein schnelles und oft beeindruckendes Ergebnis, aber ihre »Kreativität« erschöpft sich darin, durch mathematische Modelle determinierte Muster miteinander in Beziehung zu setzen. Die Verbreitung solcher Modelle und ihrer kommerziellen Anwendungen führt jedoch nicht nur dazu, dass inzwischen unendlich viel »Kunst« produziert wird, sondern wirft auch konkrete rechtliche und moralische Fragen im Hinblick auf Urheberschaft und das Recht am eigenen Bild auf. Diese Entwicklung spitzte sich im Jahr 2023 zu und führte etwa zu einem monatelangen Streik der Filmbranche in Hollywood.

Zunächst rütteln derlei Fragen und Anwendungen an unserem Verständnis von Kunst, und zwar unabhängig davon, ob man KI Kreativität zuschreibt. Doch fordern sie im zweiten Schritt auch unser Verständnis des Menschen heraus, der die Kunst betrachtet – und dessen »Aura«, d.h. dessen Echtheit und Einmaligkeit, im Zusammenhang mit KI ebenso infrage gestellt ist, wie ich im nächsten Kapitel aufzeige.

3. Menschenbild und KI

Es besteht weitgehend Einigkeit, dass Technik das menschliche Selbstbild (mit-)bestimmt (vgl. u.a. Bohlken/Thies 2009; Heichele 2020; Poser 2016; Recki 2018). Dies zeigt sich u.a. daran, dass die Frage nach Bewusstsein und Intelligenz von Maschinen Menschen seit Jahrhunderten umtreibt. Man denke z.B. an Leibniz' universale Rechenmaschine, Jacques de Vaucansons Automaten im 17./18. Jahrhundert oder Karel Čapeks Drama *R.U.R.* von 1920, auf das der Ausdruck »Roboter« zurückgeht (vgl. Mainzer 1994, S. 27–68; Mainzer 1997, S. 205; Mainzer 2019, S. 7–9; Irrgang 2005, S. 19–27; Loh 2019a, S. 15–16). Als kulturelles Phänomen hat KI das menschliche Denken also lange vor der Erfindung des Computers Mitte des 20. Jahrhunderts geprägt, wenngleich dieser kulturelle KI-Begriff damals wie heute wenig mit der technischen Realität, sondern mehr mit utopischen Hoffnungen und dystopischen Ängsten gemein hat.

Einhergehend mit wissenschaftlichen Entwicklungen hat der technische Fortschritt »das Selbstbild des Menschen immer wieder stark erschüttert« (Beckermann 2008b, S. 9). Sigmund Freud führt in diesem Zusammenhang drei Kränkungen der menschlichen Eigenliebe auf (vgl. 1917, S. 294): (1) Die Erde ist nicht mehr Mittelpunkt des Weltalls, (2) Der Mensch ist nicht die Krone der Schöpfung, sondern Teil der biologischen Evolution, (3) Das menschliche Ich ist nicht »Herr im eigenen Haus«, sondern wird vom Unbewussten gesteuert. Während Beckermann (2008b) und Metzinger (2017a) davon ausgehen, dass auch das menschliche Selbst nur eine Illusion ist, und Beckermann dies als vierte Kränkung beschreibt, scheint der Gedanke, Maschinen in Sachen Intelligenz (künftig) unterlegen zu sein, das Potenzial zu besitzen, die menschliche Eigenliebe ein fünftes und vielleicht letztes Mal zu kränken (vgl. u.a. Floridi 2008; 2011, S. 2–5; Gabriel 2018, S. 17–34). Mindestens führt er dazu, dass wesentliche Aspekte des Menschseins neu überdacht werden müssen, wenn nicht gar die Notwendigkeit besteht – wie Metzinger es fordert –, »eine neue und umfassende Anthropologie aufzubauen«, die »die neuen Erkenntnisse, die wir über uns selbst gewonnen haben, zu einem größeren Ganzen zusammenfügt« (je 2017a, S. 306).

Eine neue Anthropologie aufzubauen lohnt sich aber nur, wenn die Menschheit überhaupt eine Zukunft hat, d.h. insbesondere nicht durch eine unkontrollierbare KI eliminiert wird. Dieses Risiko besteht vor allem dann, wenn wir »unsere Ehrfurcht gegenüber dem Leben loswerden«, »um weitere Fortschritte in der Künstlichen Intelligenz machen zu können«[39], wie Daniel Dennett es ausdrückt und wovor Joseph Weizenbaum ebenso eindringlich warnt wie vor der damit einhergehenden »Unterwürfigkeit des modernen Menschen gegenüber der Naturwissenschaft« (Weizenbaum 2001, S. 43; vgl. 1978, S. 268–300).

Insbesondere kritisiert er in diesem Zusammenhang Hans Moravec (2001), für den der Mensch nichts als »eine Menge von Informationen« (Weizenbaum 2001, S. 46) und in letzter Konsequenz eine »Fehlentwicklung« (ebd.) ist, die vom Computer vollständig erfasst und schließlich ersetzt werden kann, wenn nicht sogar sollte. Dies erinnert zunächst an die philosophische Anthropologie von Arnold Gehlen (1961; 2016), der den Menschen als Mängelwesen betrachtet. Doch während Technik bei Gehlen vor allem dazu dient, die Mängel des Menschen zu kompensieren, dient KI-Technik bei Moravec dazu, das Mängelwesen Mensch in seiner Gesamtheit zu kompensieren.

Diese als nüchterne Computerwissenschaft präsentierten futuristischen Spekulationen mitsamt ihrem Menschenbild sind von einigen mit Schaudern, von anderen aber euphorisch aufgegriffen worden und haben seit Ende der 1980er Jahre einigen Einfluss in der KI-Forschung. Bis heute wirken sie in den Debatten zu Trans- und Posthumanismus und Singularität (vgl. Kap. 3.1) sowie zur Superintelligenz und der Zukunft der Menschheit (vgl. Kap. 3.2) nach, die ich im Folgenden kritisch beleuchten werde, um die Herausforderungen von KI für das menschliche Selbstverständnis aufzuzeigen. Weitere anthropologische Herausforderungen zeige ich schließlich anhand der Auswirkungen von KI-Anwendungen auf soziale Beziehungen, menschliche Erlebnisse und Gefühle auf, insbesondere durch KI-gestützte soziale Roboter und sogenannte *Virtual* bzw. *Augmented Realities* (vgl. Kap. 3.3).

3.1 Singularität, Trans- und Posthumanismus

Unter dem Einfluss von Hans Moravec (2001) und unter Bezugnahme auf den Science-Fiction-Autor Vernor Vinge entwickelt der Futurist und Computeringenieur Ray Kurzweil seine Thesen zur Singularität, die er definiert als »einen zukünftigen Zeitabschnitt, in dem der technische Fortschritt so schnell und seine Auswirkungen so tiefgreifend werden, dass das menschliche Leben einen unwiderruflichen Wandel erfährt« (2014, S. 7). Unter diesem technischen Fortschritt versteht er insbesondere KI in ihren abenteuerlichsten Ausprägungen, etwa als das bereits von Moravec vorgeschlagene *Mind Uploading* oder als umfassende, die Menschheit versklavende oder gar vernichtende Superintelligenz (vgl. Loh 2018, S. 99–118, und Kap. 3.2).

Tatsächlich würden einige (aber nicht alle) dieser fantasievollen Spekulationen im Falle ihrer Realisierung auf der in Kap. 1.2 und 1.3 vorgestellten KI-Technik basieren. Kurzweil und seine Anhänger – von ihm als »Singularitaristen« bezeichnet – provozieren damit in der Öffentlichkeit jedoch ein sensationsgeprägtes Missverständnis von KI. Kurzweil datiert z.B. die zu erwartende Singularität recht präzise auf das Jahr 2045, was mit der gegenwärtigen computerwissenschaftlichen Praxis jedoch nur wenig zu tun hat.

In der akademischen Philosophie ist Singularität nach wie vor kein großes Thema, wenngleich Klaus Mainzer vorsichtig formuliert, dass »[w]as vor Jahren noch als wissenschaftlich unseriöse Phantasmen von Science Fiction Autoren abgetan wurde [...] zunehmend realistische Züge« (2019, S. 227) erhält. Als erster bedeutender Vertreter der Philosophie des Geistes hat David Chalmers (2010a; 2012; 2014) eine Analyse dazu vorgelegt. Er sieht Singularität durchaus im Bereich des Möglichen und nennt weniger ihre technische Realisierbarkeit als die menschliche Motivation zu dieser Realisierbarkeit als mögliche Hürden. Insbesondere hält Chalmers *Mind Uploading* mit dem von ihm selbst vertretenen Eigenschaftsdualismus[40] für kompatibel und sieht es als einzige Überlebensmöglichkeit des Menschen an, sich in eine post-singuläre Welt zu integrieren.

Daniel Dennett wiederum, der interessanterweise eine naturalistische Computertheorie des Geistes vertritt (vgl. Kap. 2), antwortet unmittelbar auf Chalmers, dass singularitaristische Gedanken singulär unkluge Zeitvergeudung (*singularly imprudent pastime*, vgl. 2012, S. 87) seien. In einem kurzen populärwissenschaftlichen Beitrag beschreibt er Singularität treffend als »moderne Legende«, die eine gewisse wissenschaftliche Plausibilität im Sinne von »Nun, im Prinzip vermute ich, dass das möglich ist« mit »einer Pointe, die einen köstlichen Schauer hervorruft«, vereint und von »ein paar berühmte[n] Konvertiten« wie Elon Musk, Stephen Hawking und David Chalmers öffentlich heraufbeschworen wird (je Dennett 2017, S. 123). Nichtsdestotrotz ist Chalmers' Aufsatz nach wie vor einer der wenigen sachlichen Beiträge zur Singularitätsdebatte, der auf philosophischen Argumenten (vgl. Kap. 3.2) statt futuristischer Spekulation aufbaut und daher seinerseits dazu beitragen könnte, dass nicht nur Singularität, sondern auch die Singularitätsthese zunehmend realistische Züge erhält.

Eine vergleichbare philosophische Analytizität wäre auch der als Transhumanismus (TH) bezeichneten Denkrichtung zu wünschen, die sich auf Kurzweils Thesen zur Singularität stützt. Wenngleich der TH in seiner modernen Form historisch auf Max More (1990; vgl. More/Vita-More 2013; Bostrom 2005; Loh 2018) zurückgeht, repräsentiert Kurzweil nämlich dessen »Macht und Einfluss« (Loh 2018, S. 98) wie niemand sonst in der Öffentlichkeit.[41] Eng mit dem TH verwoben ist der Posthumanismus (PH), wobei Janina Loh eine überzeugende Differenzierung vorschlägt.

Unter TH versteht sie die »Transformation [des Menschen, S.R.] via technologische Verbesserung« (2018, S. 14). Technische *Enhancements*[42] – häufig mit Fokus auf KI – sind dabei das Mittel und Medium des TH, dessen erklärtes Ziel ein technologisch verbesserter Mensch (»Mensch x.0«) darstellt. Der PH dagegen möchte das Menschsein grundsätzlich überwinden, wobei es mit dem technologischen PH und dem kritischen PH zwei unterschiedliche Herangehensweisen gibt: Der kritische PH, dem sich Loh selbst zuordnet, folgt der postmodernen Kritik am Humanismus (etwa durch Michel Foucault oder Jean-François Lyotard) und will mit konventionellen Denkkategorien brechen, um ein posthumanes Verständnis des Menschen zu erreichen. Technik ist hier zwar eine Kernkategorie dieser Kritik, was im

Detail aber zu weit von KI wegführt.[43] Unter PH verstehe ich im Folgenden daher explizit nur den technischen PH.

Der technische PH will das Menschsein durch KI (bzw. Technik allgemein) hinter sich lassen. Dies wird manchmal als alternativlose Notwendigkeit (vgl. Chalmers 2010), manchmal als erstrebenswerte Zukunftsutopie (vgl. Bostrom 2018) dargestellt. Insgesamt gilt der technische PH daher als »offene Sammlung von Ideen [...], die um die Vision einer artifiziellen Superintelligenz kreisen« (Loh 2018, S. 93; vgl. Kap. 3.2).

Jedoch lassen sich TH und PH nicht sauber auseinanderdividieren: TH gilt häufig als notwendiger Zwischenschritt zum PH, viele verwenden die Begriffe gar synonym. Gleichermaßen verschwimmen TH/PH zwischen philosophischer Theorie, popkultureller Bewegung, postmoderner Kunst, politischem Aktivismus und nicht zuletzt »profitable[m] Geschäftsmodell« (Mainzer 2019, S. 227). Eine vernunftbasierte Kritik des TH/PH steht vor der kuriosen Herausforderung, dass es rätselhaft bleibt, was überhaupt Gegenstand der Kritik sein soll. Dies gilt umso mehr, als auch profilierte Vertreter wie Bostrom ihre konkreten Definitionsversuche durch »Vagheit und Beliebigkeit« (Bostrom 2018, S. 38) aufweichen. Stattdessen führt dieser lediglich Beispiele für »posthumane Zustände« (ebd.) an, etwa eine Bevölkerungszahl größer als eine Billion, eine Lebenserwartung von mehr als 500 Jahren, das Verschwinden psychischer Leiden und eine Bevölkerung, welche zum Großteil über kognitive Fähigkeiten verfügt, die mehr als zwei Standardabweichungen über dem derzeitigen Maximum liegen. Jede »Veränderung von vergleichbarem Ausmaß oder Tiefgang« (ebd.) klassifiziert er ebenfalls als Posthumanität.

Nicht zuletzt aufgrund prominenter Unterstützer wie Elon Musk haben TH/PH trotz ihrer vagen und beliebigen, dafür aber umso sensationelleren Thesen einen so mächtigen Einfluss auf die (vor allem populärwissenschaftliche) KI-Debatte, dass ich im Folgenden aufzeige, warum ich das von TH/PH vermittelte Menschenbild in Bezug auf KI als problematisch betrachte.[44]

Mit Moravec (2001), Kurzweil (1990; 2014), Bostrom (2014; 2018) und Tegmark (2019) kommen die prägenden Verfechter von TH/PH allesamt aus den Computer- und/oder Naturwissenschaften, wobei lediglich Bostrom auch einen Hintergrund in der Philosophie besitzt. In ihren wichtigsten Beiträgen zur Debatte bemühen sie sich höchstens selektiv um eine philosophische Reflexion ihrer Thesen und Prämissen. Beispielsweise werden Substratunabhängigkeit und Maschinenbewusstsein (vgl. Kap. 2.3) schlicht als Konsens präsentiert, und Ethik wird stillschweigend mit bestimmten Spielarten des Konsequentialismus gleichgesetzt (vgl. Kap. 4). Die Spekulationen zur Transformation des Menschen werden zumeist über den technischen Fortschritt in der KI-Forschung begründet, der in jüngster Zeit aber »[i]ronischerweise« (Dennett 2017, S. 125) vor allem in der anwendungsorientierten KI und gerade nicht in der kognitiven Simulation (vgl. Kap 1.1) erreicht wurde.

Bereits 1990 analysiert Weizenbaum dieses Phänomen treffend in einem Vortrag zum »Menschenbild im Licht der künstlichen Intelligenz«, in welchem er moderne Technologie als »fürstlich[e] Tochter der Naturwissenschaft« (Weizenbaum 2001, S. 36) beschreibt, deren Siegeszug mit der quasi-religiösen Naturwissenschaftsgläubigkeit der Gegenwart[45] einhergeht:

> »Die alltägliche Demonstration der Macht unserer Technologie verleiht den Priestern der Kirche, die das alles ermöglichen, eine fast grenzenlose Autorität und Glaubwürdigkeit.« (Weizenbaum 2001, S. 37)

Weiter beschreibt Weizenbaum das – ebenfalls in der Religion anzutreffende – Paradox, dass je undurchschaubarer und unverständlicher die Thesen der »Ideologen« werden, desto größer »die Inbrunst der Gläubigen« und die »Abhängigkeit von [...] den Priestern der Naturwissenschaften« (je 2001, S. 37).

Diese dem TH/PH immanente Naturwissenschaftsgläubigkeit zeigt sich etwa, wenn Bostrom suggeriert, »Transhumanisten machen sich dafür stark, [...] dass jeder weitgehend selbst entscheiden kann, welche Technologie er bei sich anwendet« (2018, S. 92). Von dieser Wahlfreiheit kann man nämlich nur ausgehen, wenn man Technik lediglich in ihrer naturwissenschaftlichen Dimension als Werkzeug versteht. Loh bezeichnet diese Auffassung auch als »Neutralitätsthese der Technik« und spricht von einer der Technik »inhärente[n] Normativität« (je 2019a, S. 205, vgl. Kap. 4.3), was sie u.a. auf Hannah Arendt, Karl Marx und Ernst Kapp zurückführt. Die von Bostrom angenommene Wahlfreiheit unterschlägt demzufolge die anthropologische Dimension der Technik, die »Ausmaß und Form des menschlichen Zusammenlebens gestaltet und steuert« (McLuhan 1992, S. 18).

Vor diesem Hintergrund warnt auch Francis Fukuyama (2004) davor, TH/PH vorschnell als »odd cult« (S. 42) von Leuten abzutun, die einfach zu viel Science-Fiction gelesen haben. Fukuyama zeigt, dass TH/PH das Ideal der Gleichheit aller Menschen heimlich untergraben, indem sie die dieser Gleichheit zugrunde liegende menscheneigene Essenz durch wilde Zukunftsspekulationen »entstellen« (»to deface«, vgl. Fukuyama 2004, S. 43).

Weizenbaum (2001) benennt treffend die verheerenden Wirkungen, die TH/PH in der Öffentlichkeit entfalten:

> »Erstens, sie mit der Tiefe der Aufgaben, mit der sich die KI beschäftigt, zu beeindrucken. Zweitens, anzudeuten, welcher Fortschritt bereits erzielt wurde. Und drittens – und dies ist besonders wichtig –, ein gewisses Menschenbild als völlig selbstverständlich in der Gesellschaft zu propagieren.« (Weizenbaum 2001, S. 40)[46]

Insbesondere pflichte ich Weizenbaum bei, dass eine »transhumanistische Trivial-Anthropologie« (Loh 2018, S. 83), die sich einem naiven Technofuturismus unterwirft und die Ehrfurcht vor dem Menschen verliert, indem sie diesen als Fehlentwicklung der Evolution betrachtet, kein erstrebenswertes Ziel in der Philosophie darstellt. Ganz im Gegenteil ist »[d]er Wiedergewinn unseres Vertrauens in unsere eigenen Denk- und Traumfähigkeiten [...] notwendig, um ein vieldimensionales Menschenbild (wieder?) herzustellen« (Weizenbaum 2001, S. 43).

Genau dann, wenn die Anthropologie dieser Vieldimensionalität gerecht wird, stimme ich Metzinger zu, dass sie ferner »in der Lage sein [muss], [...] neue Erkenntnisse aus der kognitiven Neurowissenschaft und verwandten Disziplinen in sich aufzunehmen«, um »ein Fundament [zu] liefern und eine rationale Basis für normative Entscheidungen [zu] schaffen – Entscheidungen darüber, wie wir in der Zukunft sein wollen« (je 2017a, S. 306).

Die enorme Aufmerksamkeit, die TH/PH mitsamt ihrer Singularitätslegende genießen, halte ich daher nicht nur deshalb für gefährlich, weil ein verfehltes Bild von KI vermittelt wird, sondern vor allem, weil TH/PH sich als Befreiungsbewegung gerieren, die unter dem Deckmantel der Naturwissenschaft lediglich den Menschen von seiner Menschlichkeit befreien will.

Dies ist insofern besonders tragisch, als TH/PH auf diese Weise von jenen gesellschaftlichen Herausforderungen ablenken, die Dennett in seiner Kritik an der Singularität als die eigentliche »bevorstehend[e] Katastrophe« beschreibt, »die keine Unterstützung durch Moores Gesetz[47] oder weitere theoretische Durchbrüche braucht« (je 2017, S. 123) und die ich in Kap. 5 ausführlich diskutiere.

3.2 Superintelligenz und die Zukunft der Menschheit

Das bereits erwähnte Konzept der Superintelligenz (SI) spielt für die über TH/PH hinausgehende Debatte um die Zukunft der Menschheit eine tragende Rolle. Darin wird u.a. die Frage aufgeworfen, ob KI das Niveau menschlicher Intelligenz jemals erreichen (vgl. Kap. 1.2 zur *Artificial General Intelligence*, AGI) bzw. übertreffen wird und ob eine außer Kontrolle geratene KI eine existenzielle Bedrohung für die Menschheit darstellt.

Unter SI versteht man allgemein »an intellect that is much smarter than the best human brains in practically every field, including scientific creativity, general wisdom and social skills« (Bostrom 1998, S. 1; vgl. Bostrom 2014). Diese Definition baut historisch auf Irving Goods Begriff der Ultraintelligenz auf, die dieser als »machines that can far surpass all the intellectual activities of any man however clever« (1966, S. 33) definiert.

Anders als häufig angenommen, basiert SI jedoch nicht notwendig auf KI im technischen Sinn. Bostrom, dessen Buch *Superintelligence* (2014) den Dreh- und Angelpunkt der SI-Debatte darstellt, führt AGI nur als einen von fünf denkbaren Wegen zur SI an, neben *Mind Uploading*, biologischen *Enhancements*, Hirn-Computer-Interfaces und Netzwerken. Jedoch fordert Bostrom dieses in vielen Rezensionen zu findende Missverständnis geradezu heraus, u.a. indem das erste Kapitel eine (durchaus interessante) Einführung in KI und ihre Geschichte bietet, aber erst im weiteren Verlauf des Buches deutlich wird, dass KI nur einen von fünf vorgestellten Wegen zur SI darstellt. Wenn speziell KI-basierte SI gemeint ist, wäre es präziser, wie Stuart Russell von einer »superintelligenten KI« (2020, S. 101) zu sprechen, wobei ich mich im Folgenden ohnehin weitgehend auf diese KI-basierte SI beschränke. Dabei ist es wichtig, noch einmal daran zu erinnern, dass AGI nicht notwendig starke KI bedeutet (vgl. Kap.

1.2): Ein System kann, muss aber nicht Bewusstsein (und schon gar nicht menschenartiges Bewusstsein) besitzen, um als SI gelten zu können (vgl. Bostrom 2014, S. 27–35; Chalmers 2010). Intelligenz ist die Fähigkeit, Probleme zu lösen, und superintelligent ist ein System genau dann, wenn es Probleme jeglicher Art sehr viel besser löst als ein besonders intelligenter Mensch.

Superintelligente Systeme können verschiedene Formen annehmen: SI kann schneller als menschliche Intelligenz (schnelle SI) oder ihr qualitativ überlegen sein (qualitative SI) oder sie kann ›kleinere‹ Intelligenzen in sich vereinen (kollektive SI) – oder auch alle drei Merkmale in Kombination aufweisen (vgl. Bostrom 2014, S. 63–74). Darüber hinaus ist es sowohl denkbar, dass einige (oder alle) Menschen zur SI transformieren[48], als auch, dass SI sich unabhängig vom Menschen entwickelt.

Unter anderem Bostrom (2014; 2018) und Tegmark (2019) diskutieren alle möglichen existenziellen Risiken für die Menschheit, die mit einer unkontrollierbaren SI einhergehen, wobei »existenziell« hier sowohl die Eliminierung als auch die Unterwerfung der Menschheit bedeuten kann. Zwei Formen von Risiken sind dabei wesentlich voneinander zu trennen: Erstens kann SI von einer Gruppe von Menschen (z.B. Staaten) bewusst entwickelt werden, um einen strategischen Vorteil gegenüber anderen Gruppen (Staaten) zu erlangen, und ggf. als wirkmächtige Waffe gegen diese oder die gesamte Menschheit eingesetzt werden. Zweitens kann der Wissenschaft die Kontrolle über SI ›entgleiten‹, sodass diese sich unaufhaltsam gegen die Menschheit erhebt.[49] Vergleichbare spieltheoretische Szenarien werden auch im Zusammenhang mit Biowaffen und der nuklearen Aufrüstung diskutiert.

Jedoch werden mit SI auch häufig große Hoffnungen verbunden. Irving Good prognostizierte bereits 1965, dass eine ultraintelligente Maschine die letzte Erfindung sein werde, die der

Mensch zu machen habe (vgl. Mainzer 2019, S. 226), da diese – sofern sie unter menschlicher Kontrolle bleibt – unliebsame Arbeiten verrichten und Lösungen für drängende Probleme wie den Klimawandel oder den Welthunger entwickeln könnte. Dies wiederum erinnert an die Funktion von Technik im utopistischen Denken, wie sie u.a. in der marxistischen Tradition diskutiert wird (vgl. Jonas 2003, S. 307–393).

Aus diesen Überlegungen wird deutlich, dass SI – sofern sie jemals entwickelt beziehungsweise sich selbst aus einer AGI entwickeln wird – die Zukunft der Menschheit erheblich beeinflussen würde. Dafür, dass dies geschehen wird, werden typischerweise zwei aufeinander aufbauende Argumente angeführt. Erstens: die von Bostrom an anderer Stelle aufgestellte »Hypothese der technologischen Vollendung«, der zufolge »alle wichtigen grundlegenden Fähigkeiten, die sich durch irgendeine Technologie erlangen lassen, auch erlangt werden«, »[w]enn wissenschaftliche und technologische Entwicklungsbemühungen nicht völlig zum Erliegen kommen« (je 2018, S. 15). Zweitens: eine zu erwartende Intelligenzexplosion für den Fall, dass KI das Level menschlicher Intelligenz erreicht (vgl. Tegmark 2019, S. 201–240; Hawking 2019, S. 207–222; Russell 2020). Chalmers (2010; 2012) formalisiert diese Intelligenzexplosion wie folgt, wobei er mit KI eigentlich AGI meint und die Pluszeichen die zu erwartende Zunahme von Intelligenz andeuten, sodass KI++ eine superintelligente AGI bedeutet:

(1) Es wird KI geben.
(2) Wenn es KI geben wird, wird es KI+ geben.
(3) Wenn es KI+ geben wird, wird es KI++ geben.
(4) Also wird es KI++ geben.

Jedoch fügt er (1) bis (4) jeweils die Einschränkung *»absent defeaters«* hinzu, durch die die Konklusion deutlich relativiert wird[50] – wobei Chalmers damit auf Bostroms bereits beschriebene Voraussetzung hinauswill, dass wissenschaftliche und technologische Entwicklungsbemühungen nicht zum Erliegen kommen (vgl. 2010, S. 4).

Aus technischer Sicht ist es nicht auszuschließen, dass KI sich ab einer gewissen Komplexitiät von selbst optimiert und diese Optimierungen mit zunehmendem Optimierungsgrad für Menschen immer weniger nachvollziehbar werden (vgl. Bostrom 2014, S. 82–94; Tegmark 2019, S. 201–203; Mainzer 2019, S. 221–232).[51] Weiter erscheint es plausibel anzunehmen, dass eine AGI nicht damit aufhört, sich weiter zu optimieren, wenn sie einmal ein bestimmtes Niveau erreicht, weshalb der Schritt von AGI über AGI+ hin zu AGI++ zwar nicht zwingend, aber durchaus wahrscheinlich ist.

Am kritischsten ist daher (1) zu sehen, d.h. die Annahme, dass es eine AGI geben wird, wobei dies in diesem Fall auch einschließt, die Fähigkeit und das Ziel zu besitzen, sich selbst zu optimieren. Naturgemäß divergieren die Expertenmeinungen bezüglich der Möglichkeit von AGI sehr stark (vgl. Bostrom 2014, S. 22–25), wobei die Zukunft betreffende Überlegungen sich schwer vom gegenwärtigen Standpunkt aus begründen oder widerlegen lassen.

Nichtsdestotrotz unterscheidet Tegmark vier Gruppen, wobei sich anhand seiner scheinbar sachlichen Analyse die begriffliche Voreingenommenheit einer gesamten Debatte aufzeigen lässt:

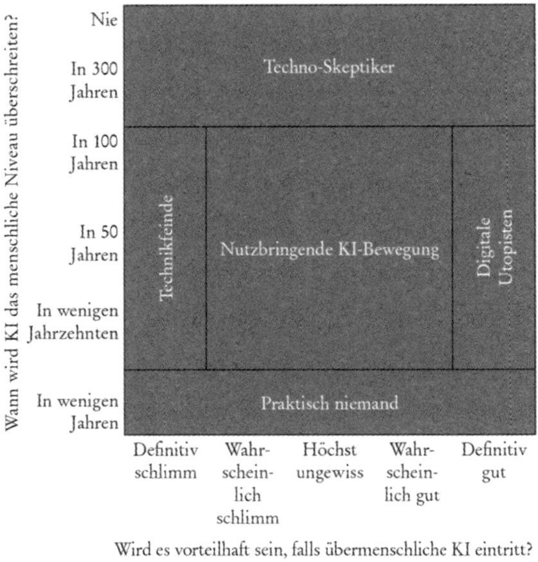

Abb. 3: Verschiedene Positionen zur AGI-Debatte, übernommen aus Tegmark 2019, S. 52.

Tegmark positioniert die von seinem Future of Life Institute ausgehende »nutzbringende KI-Bewegung« als scheinbar vernünftige Mitte. Diejenigen, die nicht an eine zeitnahe AGI glauben, werden mit denjenigen, die AGI prinzipiell für unmöglich halten, in dieselbe Kategorie sortiert und pauschal als »Techno-Skeptiker« dargestellt, als ob AGI und Technik dasselbe seien und es keinen Unterschied mache, ob man davon ausgeht, dass AGI erst in mehr als hundert Jahren möglich oder prinzipiell unmöglich ist. Diejenigen, die vor den Risiken einer AGI warnen, bezeichnet Tegmark gar als »Ludditen« (*Luddites*)[52] – ein pejorativ gebrauchter Kampfbegriff von Singularitaristen, der sich historisch auf die englische Arbeiterbewegung des Luddismus bezieht, die im Kampf gegen die soziale Verelendung durch die Industrialisierung der Textilindustrie im 19. Jahrhundert u.a. zur Zerstörung von Maschinen aufrief (vgl. Thompson 1987). Im Falle der »nutzbringenden KI« suggeriert Tegmark hier, dass nur diejenigen, die an eine baldige AGI glauben, sich dafür einsetzen können, KI »nutzbringend« einzusetzen (auch wenn KI und AGI nicht dasselbe sind) – und diese nutzbringende AGI darüber hinaus stets der ganzen Menschheit Nutzen bringt.[53]

Tegmark bedient sich in seiner Analyse des Narrativs einer naturwissenschaftlichen bzw. technischen Eschatologie, die die Gegenwart als ultimativen Schicksalspunkt der Menschheitsgeschichte betrachtet. Dieses Narrativ ist typisch für jene Zukunftsforschung, die sich inzwischen als eigenständige akademische Disziplin betrachtet und vor allem an Bostroms Future of Humanity Institute an der University of Oxford, Yudkowskys aus dem Singularity Institute for Artificial Intelligence hervorgegangenen Machine Intelligence Research Institute sowie Tegmarks Future of Life Institute betrieben wird. Diese drei Institute prägen die gegenwärtige Debatte um die Zukunft der Menschheit, wobei in ihrem Umfeld die Grenzen zwischen Forschung und Tech-Lobbyismus häufig verschwimmen.[54]

Besonders deutlich zeigt sich diese Eschatologie bei Toby Ord (2020), wenn dieser unsere gegenwärtige Macht, uns aufgrund von Technik[55] selbst zu zerstören, ohne genau zu wissen, wie wir dies effizient verhindern können, als Abgrund (*precipice*) beschreibt. Wenn wir diesen Abgrund zu überwinden verstünden, erwarte uns eine lange, blühende Zukunft – wenn nicht, unser Untergang. Erstens wird durch derartige Dramatisierungen[56] die Bedeutung des eigenen Zeitalters (und der eigenen Forschung) für die Menschheitsgeschichte massiv überhöht. Zweitens wird hier die gesamte Menschheit in einem Wir vereint, das es genauso wenig gibt wie die von Tegmark beschriebene »kollektive Zukunft von uns allen« (2019, S. 61). Zwar sind ›wir‹ durchaus eine Schicksalsgemeinschaft, was unseren möglichen Untergang betrifft. Aber vor allem sind ›wir‹ ein komplexes Gefüge aus Individuen, die unterschiedliche Ressourcen zur Verfügung haben und unterschiedliche Ziele verfolgen. Loh weist präzise darauf hin, der TH ignoriere gern, »dass sich der Mensch als ›die Menschen‹, also die im Arendt'schen Sinne menschliche Pluralität, nicht vollständig kontrollieren, kalkulieren und prognostizieren lässt« (Loh 2018, S. 79; vgl. Arendt 2019).

John Rawls argumentiert sogar, dass die ethische Position des Utilitarismus (vgl. Kap. 4.1) unvereinbar ist mit der sogenannten *separateness of persons*, sondern notwendig »alle Menschen wie *ein* handelndes Kollektiv« behandelt (Nida-Rümelin/Weidenfeld 2018, S. 69, Hervorh. im Orig.; vgl. Rawls 1999, S. 23–24). Die Zukunftsforschung setzt – ähnlich wie TH/PH – den Utilitarismus (in der ein oder anderen Spielart) jedoch genauso implizit voraus wie ein vereinfachtes technisch-naturwissenschaftliches Menschenbild (vgl. Kap. 3.1). Dabei bedeutet diese Technisierung des Menschen im Umkehrschluss häufig eine irrationale Vermenschlichung der Technik, die implizit davon ausgeht, dass KI u.a. Absichten/Motivationen/Willen im menschlichen Sinne besitzt. Vor diesem Hintergrund wird SI zur quasi-religiösen Erlöserfigur, die über unser menschliches Schicksal entscheiden wird und von deren baldiger Ankunft nur ein paar wenige »Techno-Skeptiker« noch nicht ganz überzeugt sind.[57]

Obwohl Tegmark alle denkbaren Konsequenzen von SI für »die nächsten 10 000 Jahre« (2019, S. 241–302) bzw. gar die »nächsten Jahrmilliarden und darüber hinaus« (S. 303–370) ausdiskutiert, ist seine realistische Einschätzung zu AGI nicht sehr weit weg von dem, was ich aus philosophischer Perspektive zur Möglichkeit von AGI zu sagen habe, die jedoch – wie oben ausgeführt – die Prämisse für eine universelle superintelligente KI darstellt:

> »Zusammenfassend lässt sich sagen, es gibt absolut keine Garantie dafür, dass es uns gelingen wird, zu unseren Lebzeiten – oder überhaupt jemals – eine AKI [= AGI] auf menschlichem Niveau zu konstruieren. [...] [Aber] wir können die Möglichkeit nicht ausschließen[.]« (2019, S. 198)

Vernunftbegründete Philosophie steht hier jedoch vor einem Dilemma, welches Hegel in seinem berühmten Gleichnis ausdrückt: »[D]ie Eule der Minerva beginnt erst mit der einbrechenden Dämmerung ihren Flug.« (1986, S. 28)[58] Eine Erkenntnis der gesellschaftlichen Wirklichkeit ist demnach grundsätzlich erst in der Rückschau möglich. Entsprechend sollte bei den Überlegungen zu AGI/SI und ihren Auswirkungen auf die Zukunft der Menschheit zwischen zwei Zugängen unterschieden werden: Als philosophisches Gedankenexperiment bietet AGI/SI durchaus interessante Anknüpfungspunkte zur Bewusstseins- und Kognitionsdebatte. Außerdem lassen sich anhand von AGI/SI durchaus ethisch relevante Aspekte des Technikbegriffs aufzeigen, vor deren Hintergrund auch existenzielle Risiken einer unkontrollierbaren KI diskutiert werden müssen. Was jedoch die Auswirkungen dieser spekulativen Debatte auf die gesellschaftliche Wirklichkeit betrifft, ist es die vorrangige Aufgabe der Philosophie, die Sensationsrhetorik aufzudecken, die der Menschheit eine unmittelbare existenzielle Bedrohung suggeriert, der sie sofort und kollektiv begegnen müsse.[59] Die in dieser ideologisch geführten Debatte implizit vorherrschende Anthropologie eines verängstigten, kontrollierbaren, manipulierbaren und technisierten Menschen sehe ich als deutlich größeres existenzielles Risiko.

3.3 Soziale Beziehungen und menschliche Erfahrung

Die philosophische Anthropologie untersucht in der Tradition Kants »die Regeln in den mannigfaltigen Erfahrungen, die wir an den Menschen bemerken« (1831, S. 5–6). Grundlegend ist dafür bei Kant insbesondere die Untersuchung des sozialen Handelns. Zwischenmenschliche Beziehungen wie Freundschaft und Liebe sind demnach wesentliche Aspekte des Menschseins. Heute müssen sie indes aufgrund der Digitalisierung in neuem Licht betrachtet werden. KI spielt hier eine zunehmend wichtige Rolle – sowohl in der Popkultur (z.B. in Filmen wie *Her*, *Blade Runner* und *Black Mirror*) als auch in der technischen Praxis.[60]

Die Auswirkungen der Digitalisierung auf soziale Beziehungen hat u.a. die Soziologin Sherry Turkle (vgl. 1984; 2011; 2012; 2015) erforscht. Sie geht davon aus, dass Technik nicht nur bestimmt, was wir tun, sondern auch, wer wir sind (vgl. Kap. 4.3). Dies trifft insbesondere auf soziale Roboter zu, wie sie derzeit etwa in der Altenpflege, bei der Kinderbetreuung, im Polizeidienst oder gar als Priesterersatz in der Kirche eingesetzt werden.[61] Forschungsgegenstand der Sozialen Robotik ist es u.a. zu untersuchen, »wie Roboter dem Menschen begegnen müssen, um als angenehm und vertrauenswürdig empfunden zu werden« (Lenzen 2018, S. 225, vgl. Loh 2019a). Wenngleich die damit verbundenen Gestaltungsfragen[62] weit über KI hinausführen, bildet die maschinelle Sprachverarbeitung (NLP, vgl. Kap. 1.2) häufig ›Herz und Hirn‹ eines Roboters ab. Dabei ist anzumerken, dass Roboter der Gegenwart und der nahen Zukunft »keine Gefühle, kein moralisches Empfinden, keine Intentionen« (Nida-Rümelin/Weidenfeld 2018, S. 82–83) besitzen, zumindest nicht menschlicher Art. Es handelt sich nicht um AGI, sondern um spezifische KI, entweder basierend auf ML/NN oder auf regelbasiertem NLP.[63] Selbst wer spezifischer KI mentale Zustände zuspricht, wird bei gegenwärtigen sozialen Robotern kaum von menschenartigen mentalen Zuständen sprechen (vgl. Kap. 2).

»Der Roboter täuscht eine Psyche vor.« (Turkle 2012, S. 95) Viele Menschen nehmen diese Simulation von Verhalten jedoch wahr, als ob wirklich Gefühle, Emotionen und Intentionen vorhanden wären. Turkle belegt dies u.a. mit Freedom Bairds »emotionalem Turing-Test«.[64]

Wenn jedoch basierend auf einem technisierten Menschenbild die Technik vermenschlicht wird (vgl. Kap. 3.1 und 3.2), führt dies dazu, dass soziale Grundbegriffe neu definiert werden müssen. Laut Turkle gehen viele Entwickler in der Sozialen Robotik inzwischen sogar davon aus, »›einfühlsam‹ bedeute, dass die Maschinen auf unsere Bedürfnisse eingehen, nicht, dass sie mitfühlen würden«. Diese Bedeutungsverschiebung kommt dabei einer »neue[n], durch ein neues Sprachverständnis geförderte[n] Art von Beziehung« (je 2012, S. 193) gleich.

Weiterhin hat Turkle in zahlreichen Studien zeigen können, dass Menschen zwischenmenschliche Beziehungen als »rich, messy, and demanding« (2015, S. 21) erleben und sie paradoxerweise gerade deshalb mithilfe von Technik simplifizieren wollen. Jugendliche bevorzugten demnach inzwischen digitale Sprachassistenten[65] als besten Freund, weil diese immer »zuhörten«. Laut Turkle nähern sich Roboter und Mensch aufgrund des technischen Fortschritts einander durchaus an, jedoch anders, als häufig angenommen: Menschen verlernen nämlich zunehmend die Fähigkeit, »echte Gespräche«[66] zu führen, sodass sich Roboter und Mensch zunehmend durch »dieselbe Unfähigkeit« (2012, S. 195) auszeichnen.[67]

Ich stimme Turkle zu, dass dies unser Verständnis etwa von Freundschaft und Liebe »entwertet« (Turkle 2012, S. 185), mindestens aber führt es dazu, dass wir anthropologische Fragen neu beantworten müssen. Wenn Freundschaft auf der »wechselseitigen Anerkennung als Akteure beruht« (Nida-Rümelin/Weidenfeld 2018, S. 82–83), ist zumindest auf absehbare Zeit[68] keine Freundschaft mit einer KI möglich. Wenn immer mehr Menschen das Gegenteil glauben, dann fallen sie entweder aufgrund eines falschen Menschenbildes auf eine Täuschung herein oder es bedarf eines neuen Freundschaftsbegriffs.

David Levy (2007) geht z.B. davon aus, dass es im Jahr 2050 normal sein wird, sich in humanoide Roboter zu verlieben – nicht nur in Filmen wie *Her*, sondern auch im TH/PH (vgl. Kap. 3.1) ein häufiges Thema. Unabhängig davon, wie wahrscheinlich derlei Vorhersagen sind, haben u.a. in Japan schon Hochzeiten zwischen Menschen und Computerspiel-Charakteren stattgefunden, was Jan Stasieńko (2015) als Form der Legitimierung intimer Beziehungen mit nicht-menschlichen Akteuren beschreibt. Diese Legitimierung dehnt jedoch nicht nur den Begriff der sozialen Beziehung auf nicht-bewusste Gegenüber aus, sondern bedeutet auch, dass soziale Beziehungen programmierbar und damit kontrollierbar werden. Wenn ein Gegenüber nach individuellen Wünschen gestaltet werden kann[69], entfällt die bisher für jede soziale Beziehung notwendige Bedingung, sich auf das Gegenüber in seiner Gesamtheit einlassen zu müssen, etwa mit dessen charakterlichen Schwächen umgehen zu müssen und diese im Idealfall gar als Bereicherung einer Freund- oder Partnerschaft anzusehen.[70]

Wenn soziale Bindung jedoch von einem KI-gestützten Computerprogramm nur simuliert wird, kann sie vervielfältigt, ersetzt und exakt an die eigenen Bedürfnisse angepasst werden. Entsprechend besteht die Gefahr, ähnliche Erwartungen auf menschliche Gegenüber zu übertragen – mit der Konsequenz, dass Menschen menschlichen Erwartungen nicht mehr gerecht werden. Darüber hinaus werden soziale Bindungen beliebig, wenn sie nur simuliert werden. Es wäre z.B. nicht schlimm bzw. praktisch unmöglich, die beste KI-Freundin oder den KI-Partner zu verlieren, da diese jederzeit als identische Kopie (oder vielleicht sogar als verbessertes Update) neu gestartet werden können. In diesem Zusammenhang wird auch die ontologische Individuationsfrage relevant, wer überhaupt die KI *ist*, mit der man eine soziale Beziehung eingeht, d.h. ob Quellcode, kompiliertes Programm oder der gesamte Roboter (vgl. Kap. 1.4). Diese Frage stellt sich bei zwischenmenschlichen Beziehungen bisher kaum.[71]

»Konflikte« mit einer KI kann man entweder ganz umgehen, indem man sich ein vollkommen willfähriges Gegenüber programmieren lässt, oder aber man drückt schlicht den sprichwörtlichen Reset-Button, den man sich in echten zwischenmenschlichen Beziehungen manchmal wünschen würde. Diese Einzigartigkeit sozialer Beziehungen ist ein wesentlicher Aspekt des Menschseins, der durch KI-gestützte soziale Robotik infrage gestellt wird und daher eine wesentliche Frage hinsichtlich der anthropologischen Dimension von KI aufwirft (vgl. Turkle 2011; 2012).

Dies gilt auch für andere Bereiche menschlicher Erfahrungen. Insbesondere die Wahrnehmung von Wirklichkeit und das menschliche Gefühlserlebnis sind aus anthropologischer Sicht zentral. Beispielsweise wird Software aus dem Gebiet der *Virtual Reality/Augmented Reality* (VR/AR) zunehmend realistischer. Virtuelle Umgebungen können an individuelle Bedürfnisse der Nutzer angepasst werden, sodass es für Menschen vielleicht möglich sein wird, auf Knopfdruck realistische Simulationen von Liebe und Glück zu erleben (auch dies ein Topos im TH/PH). Interessanterweise findet sich hier dasselbe Motiv, das Turkle in Bezug auf menschliches Kommunikationsverhalten herausgearbeitet hat: Menschen bevorzugen u.a. deshalb die zeitversetzte digitale Kommunikation, weil sie dadurch die Kontrolle behalten. Textnachrichten können u.a. mehrfach überprüft, gelöscht, editiert und optimiert werden, d.h., der Verlust der Unmittelbarkeit erlaubt es den Verfassern, sich nicht sofort festzulegen.

Um einen möglichen Kontrollverlust auch im größeren Rahmen zu verhindern, liegt die Versuchung nahe, einer nach eigenen Wünschen gestalt- und kontrollierbaren VR/AR den Vorzug vor der Wirklichkeit zu geben. Wenn etwa Gleitschirmfliegen so gut simuliert werden kann, dass es sich von echtem Gleitschirmfliegen nur noch dadurch unterscheidet, dass man in der VR/AR keiner wirklichen Gefahr ausgesetzt ist (und u.a. das Landschaftserlebnis darüber hinaus individuell angepasst werden kann), wäre diese Simulation für viele wahrscheinlich attraktiver als die Realität. Wenn die Möglichkeiten von VR/AR-Simulationen jedoch allzu umfassend werden, besteht die Gefahr, dass der Mensch die Auseinandersetzung mit einer Wirklichkeit, die er nicht kontrollieren und gestalten kann und zu der er gerade deshalb einen besonderen Zugang besitzt, verlernt.[72]

Ähnlich wie in Bezug auf Kunst (vgl. Kap. 2.5) kann die Reproduzierbarkeit darüber hinaus zur Beliebigkeit werden. Dies bedeutet, dass die Einzigartigkeit von Gefühlen, Erlebnissen und Momenten, die man in einer KI-gestützten VR/AR-Umgebung täuschend echt nacherleben oder nachfühlen könnte, genau durch diese Möglichkeit des Nacherlebens in der Simulation ihre Echtheit und Einzigartigkeit verlieren. Insbesondere die Soziale Robotik und VR/AR fordern die philosophische Anthropologie daher grundlegend heraus. Dennoch ist es wichtig, diesen anthropologischen Zugang von einer ethischen Bewertung beziehungsweise gar einer Vorverurteilung dieser Technik zu unterscheiden.

Dass Technik bestimmte Auswirkungen auf unser Menschenbild mit sich bringt, läuft nicht zwangsläufig auf ein ethisches Argument gegen die Nutzung entsprechender Technik hinaus, schon gar nicht ergibt sich daraus eine Diskreditierung von Forschungsfeldern wie Soziale Robotik oder VR/AR. Ganz im Gegenteil gibt es interessante therapeutische Ansätze mit sozialen

Robotern, beispielsweise im Umgang mit autistischen Kindern (vgl. Elder 2017). Auch in der Altenpflege wird es aufgrund des absehbaren Pflegenotstands immer öfter nicht auf eine Entscheidung zwischen menschlicher oder maschineller Pflegekraft, sondern auf eine Entscheidung zwischen maschineller oder gar keiner Pflegekraft hinauslaufen (vgl. Loh 2019a; Misselhorn 2019, S. 136–155). Es wäre naiv, eine Ethik jenseits dieser politischen und gesellschaftlichen Realität vertreten zu wollen. Deshalb ist es ist nicht so einfach, die für die Akzeptanz von sozialen Robotern notwendige Anthropomorphisierung von Computern pauschal als moralisch verwerflich anzusehen, wie es etwa Batya Friedman und Peter Kahn (1992, vgl. Loh 2019a, S. 168–172) fordern.

Statt um eine ethische Beurteilung von Sozialer Robotik und VR/AR ging es mir hier um die Frage, wie bestimmte Anwendungen von KI das menschliche Selbstverständnis beeinflussen und welches Menschenbild dabei zugrunde gelegt wird, insbesondere in öffentlichen Debatten zur Singularität, TH/PH und Superintelligenz. Diese immer noch stark vernachlässigte anthropologische Dimension der KI ist jedoch die Voraussetzung für jede ethische Beurteilung von KI, insbesondere wenn man Anthropologie in ihrer auf Kant zurückgehenden Tradition versteht. Deutlich wird dieses Verhältnis von Anthropologie und Ethik vor allem in Hans Jonas' Verantwortungsethik und seinem an Kant anknüpfenden neuen kategorischen Imperativ:

> »Handle so, dass die Wirkungen deiner Handlung verträglich sind mit der Permanenz echten menschlichen Lebens auf Erden.« (Jonas 2003, S. 36)

Jonas nennt diesen Ansatz eine »Ethik für die technologische Zivilisation« (vgl. 2003, S. 7–12), da gerade in der Technologisierung die Permanenz echten menschlichen Lebens bedroht ist, weshalb Jonas auch in der Zukunftsforschung (u.a. Bostrom 2018; Ord 2020) rezipiert wird. Diese fokussiert sich dabei jedoch in Verbindung mit TH/PH lediglich auf die Permanenz von Leben, wobei auch Leben hier ausschließlich naturwissenschaftlich-technisch verstanden wird und superintelligente KIs einschließen dürfte. Dies steht in fundamentalem Widerspruch zu Jonas' deutlich reicherem Lebensbegriff, den dieser im Rahmen seiner »philosophischen Biologie« (vgl. 2011) entwickelt und der neben Stoffwechsel auch Freiheit und Abgrenzung (Individualität) als zentrale Merkmale einschließt. Darüber hinaus ignoriert diese Jonas-Rezeption den Zusatz »auf Erden«[73] und vor allem »die zukünftige Integrität des Menschen« (je Jonas 2003, S. 36). Stattdessen versteht die Zukunftsforschung den Menschen als berechenbare, fehlerhafte, kontrollierbare und letztlich zu ersetzende Maschine. Laut Jonas bedeutet das jedoch die »Entmenschung des Menschen« und die »Verkümmerung seines Wesens« (je 2003, S. 245).

Gerade deshalb ist die Frage, was »echt menschlich« im Kontext der KI-Debatte bedeutet, zentral für die im folgenden Kapitel aufgeworfene Frage, ob KI moralisch sein kann. Diese Frage ist ähnlich wie das in Kap. 2 aufgezeigte Körper-Geist-Problem eine Grundfrage der Philosophie, die weit über Technik und KI hinausführt. Vor diesem Hintergrund wäre es fatal, wenn die Geistes- und Sozialwissenschaften aus einer falschen Ehrfurcht vor der Technik die Deutungshoheit über den Begriff des Menschen einem unreflektierten (und von kommerziellen Interessen geprägten) Technofuturismus überlassen. Umso weniger dieses Buch eine Antwort auf die Frage nach dem Menschen bieten kann, umso mehr sollten die Fragen, die es notwendigerweise offenlassen muss, als Aufforderung verstanden werden, die Herausforderung eines vielschichtigen Menschenbilds im Kontext von KI in den Geistes- und Sozialwissenschaften ernst zu nehmen.[74]

4. Ist KI moralisch?

Ziel dieses Kapitels ist es, Orientierung zum Themenkomplex »KI und Ethik« zu bieten und technische und begriffliche Missverständnisse aufzulösen. Ob KI moralisch ist, hängt nämlich nicht nur von den getroffenen Annahmen zu mentalen Zuständen von KI (vgl. Kap. 2) und dem vorausgesetzten Menschenbild (vgl. Kap. 3) ab, sondern auch davon, was diese Frage überhaupt bedeutet.

Erstens untersuche ich, ob KI ein moralisches Subjekt ist, d.h. moralisch handeln kann, wofür u.a. geklärt werden muss, was eine Handlung ist. Denn wer nicht handeln kann, kann auch nicht moralisch handeln (vgl. Kap. 4.1). Zweitens muss unabhängig davon gefragt werden, was ein moralisches Verhalten einer KI ist und wie dieses sichergestellt wird. Diese sogenannte Moralimplementation ist sowohl eine technische als auch eine philosophische Herausforderung, die sich u.a. bei autonomen Autos und Waffensystemen stellt (vgl. Kap. 4.2). Drittens hinterfrage ich die Annahme, KI sei moralisch neutral, und zeige auf, warum Technik, die in soziales Handeln eingebettet ist, inhärent normativ ist (vgl. Kap. 4.3). Viertens frage ich, ob und inwieweit KI ein moralisches Objekt darstellt, also ob KI bzw. KI-basierten Systemen moralische Rechte zukommen können (vgl. Kap. 4.4). Und fünftens skizziere ich einige Überlegungen zur Ingenieurethik, d.h. die Frage, ob und inwiefern es moralisch ist, KI zu entwickeln (vgl. Kap. 4.5), die direkt zu den gesellschaftlichen Herausforderungen von KI überleiten (vgl. Kap. 5).

4.1 Handeln und Moralität

Die Maschinenethik »unterscheidet sich von anderen Formen der Technikethik, weil ihr Gegenstand die Entwicklung einer Ethik *für Maschinen* im Gegensatz zu einer Ethik für Menschen im *Umgang mit Maschinen* ist« (Misselhorn 2018, S. 8, Hervorh. im Orig.). Misselhorn führt die Notwendigkeit dieser »neue[n] Disziplin an der Schnittstelle von Philosophie, Informatik und Robotik« (ebd., S. 7) auf die jüngere KI-Forschung zurück. Diese verfolgt das Ziel, »darüber nachzudenken, ob und wie man Maschinen konstruieren kann, die selbst moralische Entscheidungen treffen und umsetzen können, und ob man dies tun sollte« (ebd., S. 8; vgl. Bendel 2019).

Eine wichtige Voraussetzung dafür ist es, Entscheidungs- und Handlungsfähigkeit zu besitzen. Dass KI-Technik Maschinen diese verleiht, ist aus philosophischer Sicht jedoch nicht selbstverständlich, sondern hängt vom vorausgesetzten Handlungsbegriff und Annahmen zu mentalen Zuständen von Maschinen, insbesondere von Intentionalität, ab (vgl. Kap. 2). Maschinenethik gemäß der obigen Definition setzt Entscheidungs- und Handlungsfähigkeit jedoch implizit voraus. Dies wird etwa deutlich, wenn Misselhorn anführt, dass »schon eine so simple Maschine wie ein Staubsaugerroboter [...] vor moralischen Entscheidungen« (2018, S. 8) steht. Während sie es als Ziel der KI-Forschung beschreibt, »intelligentes Verhalten zu modellieren oder zu simulieren«, formuliert sie in Abgrenzung dazu als Ziel der *Artificial Morality*[75], »künstliche Systeme mit der Fähigkeit zum moralischen Entscheiden und Handeln auszustatten« (ebd.). Dabei geht sie jedoch nicht auf den Aspekt der Modellierung bzw. Simulation ein. Genau wie ein Modellflugzeug kein wirkliches Flugzeug und eine Flugsimulation kein wirklicher Flug ist, ist das Modell bzw. die Simulation einer moralischen Handlung keine moralische Handlung. Wenn KI intelligentes Verhalten nur simuliert, ist es mindestens fragwürdig, ob *Artificial Morality* überhaupt moralisch entscheiden bzw. handeln kann. Vor diesem Hintergrund sehe ich viele Beiträge in der gegenwärtigen Maschinen- und Roboterethik als methodisch problematisch an.

Erstens ist es missverständlich, von Maschinen bzw. Robotern zu sprechen, obwohl sich der überwiegende Teil dieses Diskurses auf KI beschränkt. Häufig wird sogar nur starke oder auch universelle KI als (moralisch) handelnd verstanden. An deren technische Realisierung vor Mitte des 21. Jahrhunderts glauben jedoch selbst Singularitaristen wie Kurzweil nicht (vgl. Kap. 1.2 u. 3.1). Dagegen würde kaum jemand den Handlungsbegriff auf mechanische Roboter, Dampf- oder Webmaschinen ausdehnen. Zwar sind auch Computer, auf denen KI ausgeführt wird, Maschinen, aber dennoch ist es verkürzt, eine Ethik, die nur von einer besonderen Form von Maschinen handelt, als Maschinenethik zu bezeichnen.

Zweitens sind Wesen und Begriff einer Handlung und von Moralität nicht abhängig von der Konstruktion bestimmter Maschinen. Der methodisch saubere Zugang zu der Frage, ob KI moralisch handeln kann, besteht darin, zuerst einen Handlungs- und Moralitätsbegriff zu entwickeln und erst anschließend zu fragen, ob und unter welchen Umständen KI diesen Begriffen gerecht werden kann. Die Maschinen- und Roboterethik setzt jedoch häufig eine umgekehrte Methodik voraus: Es werden zweckmäßige Begriffe u.a. von Handlung, Moralität und Verantwortung konstruiert, die wenig mit der ideengeschichtlichen Bedeutung dieser Begriffe gemein haben, dafür aber das Verhalten von (bestimmten) Maschinen einschließen.

Dies betrifft insbesondere den Begriff des moralischen Subjekts im gegenwärtigen Diskurs. Maschinen bzw. Roboter als moralische Subjekte aufzufassen setzt starke KI voraus. Dies gilt zumindest, wenn mit »Subjekt« – wie in der Philosophie seit der späten Neuzeit üblich – ein erkennendes Ich und damit (handlungstheoretisch bzw. ethisch gesehen) ein Träger eines freien Willens gemeint ist. Die Überzeugung, dass es sich bei gegenwärtigen Staubsaugrobotern oder autonomen Fahrsystemen um moralische Subjekte handelt, ist vor diesem Hintergrund entweder technisch oder philosophisch zweifelhaft, da KI-basierte Maschinen gegenwärtig kein erkennendes Ich besitzen. Gegenwärtige Maschinen sind höchstens im grammatischen Sinne ein Subjekt, d.h., sie können die hierarchisch höchste Ergänzung eines Verbs sein, über die ein Prädikat ausgesagt wird. Ein Staubsaugroboter entscheidet dann genauso, wie Wittgenstein »von einer Tätigkeit der Butter rede[t], wenn sie im Preise steigt« (2003, § 693). Dies ist handlungstheoretisch und ethisch jedoch uninteressant.

Genau wie der Subjektbegriff sind auch die damit verwandten Begriffe Akteur bzw. Agens, Entscheidung und Handlung allesamt eng mit Intentionen verknüpft (vgl. Kap. 2). Die gegenwärtige Handlungstheorie wurde maßgeblich von Donald Davidson (1990) geprägt, der aufbauend auf Elizabeth Anscombes *Absicht* (2010) eine Handlung als Ereignis versteht, welches »als absichtsvolles Tun einer Person beschrieben werden kann« (Marx 2010, S. 82).

Wenn ich z.B. stolpere und eine wertvolle Vase zu Bruch geht, ist die Zerstörung der Vase nicht meine Absicht. Das Stolpern ist daher keine Handlung. Eine Handlung wäre es, wenn ich die Vase aus Wut bewusst zerschmettere. Eine Entscheidung ist daran anknüpfend eine Wahl zwischen möglichen Handlungen, wobei diese Wahl selbst eine Handlung darstellt.[76] Sowohl für Handlungen als auch für Entscheidungen gilt, dass das bewusste Unterlassen philosophisch gesehen ebenso eine Handlung bzw. Entscheidung darstellt (vgl. Birnbacher 1995). Wer etwa aus politischer Unzufriedenheit nicht an einer Bundestagswahl teilnimmt, trifft eine Entscheidung. Wer den Wahltermin lediglich verschläft, nicht unbedingt.

Bei Entscheidungen ist es außerdem wichtig zu differenzieren zwischen der Frage, wer eine Entscheidung trifft, und der Frage, nach welcher Methode bzw. welchen Kriterien eine Entscheidung getroffen wird. Wenn ich eine Entscheidung basierend auf einem Münzwurf treffe, dann entscheidet nicht die Münze für mich, sondern ich habe mich bewusst dafür entschieden, meine Entscheidung nach der Münzwurf-Methode zu treffen, weil diese mir in der gegebenen Situation am geeignetsten erscheint. Dasselbe gilt für KI-basierte Entscheidungen: Wenn eine Bank sich dafür entscheidet, die Kreditvergabe von einem Bonitätsscore abhängig zu machen, dann ist der Bonitätsscore die vom Management der Bank präferierte Methode der Entscheidungsfindung. Es ist ein gesellschaftliches Missverständnis zu glauben, dass der Computer der Bankberaterin (bzw. »die KI« oder »das System«) darüber entscheidet, ob dem Kunden der gewünschte Kredit gewährt wird. Die Entscheidung für eine Methode der Entscheidungsfindung trifft das Management der Bank – und entsprechend ist es auch für die Entscheidung verantwortlich (vgl. Kap. 5.1).

Wenngleich in der philosophischen Handlungstheorie und in der Sprechakttheorie (vgl. Kap. 2.2) unterschiedliche Handlungsbegriffe diskutiert werden, wäre es zumindest ungewöhnlich, Handlungen und Entscheidungen ohne Bezug zu Intentionen zu denken. Auf David Hume zurückgehende Ansätze der Handlungstheorie (sog. Belief-Desire-Theorien, vgl. Misselhorn 2018, S. 81–87) sprechen zwar nicht explizit von Intentionen, sondern von Gründen, die sich aus Meinung (*belief*) und Einstellung/

Wunsch (*desire*) zusammensetzen. Dies ist aber mehr ein feiner begrifflicher Unterschied als ein nicht-intentionaler Handlungsbegriff.

Davon auszugehen, dass Handlungen und Entscheidungen auf Intentionen basieren, setzt nicht notwendig eine bestimmte Position hinsichtlich des Körper-Geist-Problems voraus. Intentionen sind auch dann ein wichtiger Aspekt des Handlungs- und Entscheidungsbegriffs, wenn man sie lediglich als nützliche Fiktion betrachtet (wie etwa Dennett 1987) oder im Sinne des (Computer-)Funktionalismus zu reduzieren versucht (vgl. Kap. 2.1). Der physikalische Determinismus geht z.B. davon aus, dass der gesamte Weltverlauf durch physikalische Gesetze vorherbestimmt ist, d.h. dass es keine Willensfreiheit gibt. Er würde daher schließen, dass Menschen gar nicht wirklich handeln und entscheiden, sondern sich lediglich so verhalten, als ob sie dies tun. Dies ist jedoch nur deshalb eine sinnvolle Aussage, weil Handlungen und Entscheidungen als intentional verstanden werden.

Es ist deshalb fragwürdig, wenn u.a. Luciano Floridi und J.W. Sanders (2004) im Rahmen ihrer Informationsethik »geistfreie« (*mindless*) Begriffe von Moralität und Handeln prägen, die ohne »Willensfreiheit, mentale Zustände, Intentionalität, Intelligenz, Vernunft, Bewusstsein, Urteilskraft oder die Fähigkeit, Verantwortung zu tragen« (je Loh 2019a, S. 48) auskommen. Handlungsfähigkeit (*agency*) definieren sie stattdessen über drei Kriterien: Interaktivität, Autonomie und Anpassungsfähigkeit, wobei insbesondere auch ihr Autonomiebegriff geist-frei ist: Für sie bedeutet Autonomie »that the agent is able to change state without direct response to interaction« (Floridi/Sanders 2004, S. 357).

Dies entspricht vage dem technischen Autonomiebegriff der Informatik: Je weniger der Output eines Systems vom Vorwissen und von Vorgaben seiner Entwickler abhängt und je mehr der Output auf den eigenen ›Wahrnehmungen‹ (= Inputs) basiert, desto autonomer ist ein System (vgl. Russell/Norvig 2006, S. 39). Wenn ein Computerprogramm als autonom bezeichnet wird, darf dies aber keinesfalls mit menschlicher Autonomie verwechselt werden. Der prägendste Autonomiebegriff in der Philosophie geht auf Kant zurück, der darunter »die Fähigkeit, frei und selbstbestimmt moralische Gesetze aufstellen und befolgen zu können« (Schönecker/Wood 2011, S. 152) versteht. Auch unabhängig von diesem Verständnis Kants ist ein Autonomiebegriff, der nicht auf Handlungs- und Entscheidungsfreiheit aufbaut, philosophisch fragwürdig.

Nichtsdestotrotz wollen Floridi und Sanders (2004) Handlungsfähigkeit und Autonomie auf unterschiedlichen Abstraktionsebenen (*levels of abstraction*) beschreiben. Misselhorn erläutert dies am Beispiel eines Schachcomputers, dessen Züge für Außenstehende nicht vorhersagbar sind. Dieser besitzt demnach insofern Handlungsfähigkeit, als man ihn als Black Box betrachten kann, wenn man »abstrahiert von den Algorithmen, die seiner Funktionsweise zugrunde liegen«. Sie hält dies für »plausibel vor dem Hintergrund, dass es sich bei Menschen ähnlich verhalten könnte«, d.h. dass auch Menschen sich lediglich auf einer Abstraktionsebene als handlungsfähig »erleben«, ihr Verhalten aber »unter Umständen« auch vorhersagbar ist, »[w]ürden wir die Ausgangsbedingungen und die relevanten Naturgesetze kennen« (je Misselhorn 2018, S. 79).

Wenn man Menschen und Maschinen Handlungsfähigkeit jedoch nur auf der Abstraktionsebene zuschreibt, vertritt man nicht die These, dass Maschinen handlungsfähig sind, sondern höchstens die These, dass Menschen es nicht sind (vgl. Kap. 2 zur These der ›schwachen menschlichen Intelligenz‹). Wenn ich davon abstrahiere, dass weltweit 100 716 Menschen besser Schach spielen als ich, bin ich ein Anwärter auf den Titel des nächsten

FIDE-Weltmeisters.[77] Das macht mich aber nicht zum Herausforderer von Magnus Carlsen, sondern zum durchschnittlichen Vereinsspieler. Entsprechend ist eine Ethik für Maschinen, die nur auf der Abstraktionsebene handlungsfähig sind, nur dann eine Ethik, wenn man davon abstrahiert, dass es sich um gar keine Ethik handelt. Dies hilft jedoch kaum bei der Beantwortung der Frage, ob KI moralisch handeln kann.

Auch James Moor (2006) führt in seiner einflussreichen Darlegung und Verteidigung der Maschinenethik vier Typen von moralischem Handeln (*ethical agency*[78]) an, von denen lediglich vollumfängliche moralische Akteure (*full ethical agents*) Intentionalität besitzen (vgl. Moor 2006, S. 20). Zwar zählt er dazu gegenwärtig nur Menschen, verweist aber darauf, »that we can't say with certainty that future machines will lack these features« (Moor 2006, S. 20–21).

Auf Basis dieses Arguments eine Maschinenethik – verstanden als eine Ethik für vollumfänglich moralisch handelnde Maschinen – zu begründen wäre jedoch vergleichbar damit, vorsorglich eine Ethik für Außerirdische zu begründen, weil es nicht ausgeschlossen ist, dass die Menschheit irgendwann auf Außerirdische trifft. Da eine starke AGI laut Moor außerdem nur dann als vollumfänglich moralisch gilt, wenn sie dieselben Voraussetzungen wie ein Mensch erfüllt, verliert der Wortbestandteil »Maschinen-« in »Maschinenethik« jedoch seine Rechtfertigung. Eine Ethik für starke AGIs dürfte sich kaum von einer Ethik für Menschen unterscheiden, wenn beide aus denselben Gründen als vollumfängliche moralische Akteure gelten. Darüber hinaus bleibt die in diesem Zusammenhang zu stellende Frage offen, warum eine starke AGI (oder gar eine Superintelligenz) sich nicht selbst eine Ethik entwickeln kann bzw. sollte, sondern sich einer Ethik unterwerfen soll, die Menschen im Vorfeld für sie entwickelt haben.

Moor schränkt allerdings ein, dass es nicht nur empirisch, sondern auch philosophisch umstritten ist, ob zukünftige Maschinen als vollumfängliche moralische Akteure gelten. Er sieht es stattdessen als »Zielvorgabe der Maschinenethik, explizite moralische Akteure zu entwickeln« (Misselhorn 2018, S. 118, vgl. Moor 2006, S. 21). Unter expliziten moralischen Akteuren (*explicit ethical agents*) versteht er Maschinen, die »represent ethical categories and perform analysis in the sense that a computer can represent and analyze inventory or tax information« (2006, S. 19). Genau wie bei den beiden schwächeren von ihm ausgemachten moralischen Handlungstypen (*ethical impact agents* und *implicit ethical agents*) gibt es auch bei den expliziten moralischen Akteuren keinen Bezug zu Intentionalität, Willensfreiheit oder Bewusstsein.

Eine ähnliche Klassifizierung scheinen auch Wendell Wallach und Colin Allen vorzuschlagen, wenn sie in ihrem Buch *Moral Machines* (2009, vgl. S. 25–36) ein graduelles Konzept der technischen Konstruktion von Moralität (*engineering morality*) entwickeln, an dessen oberem Ende echte moralische Handlungsfähigkeit (*genuine moral agency*) steht. Gegenwärtigen Robotern sprechen sie dagegen höchstens operationale Moralität (*operational morality*) zu. Bei dieser handelt es sich um »relatively direct extensions of their designers' values« (Wallach/Allen 2009, S. 30). Diese operationale Moralität bezeichnen sie jedoch explizit nicht als *agency*.[79]

Genau wie bei Moors expliziten moralischen Akteuren handelt es sich bei der operationalen Moralität von Wallach und Allen nicht um Handlungen. Stattdessen sind hier Ereignisse (in Davidsons Terminologie) gemeint, die man allenfalls als Verhalten beschreiben kann. Demnach ist es eine sinnvolle wissenschaftliche Frage, ob und wie man mithilfe von KI Maschinen kreieren kann, die sich so verhalten, als ob sie moralisch handeln (vgl. Kap. 4.2). Dies aber wie Moor oder Floridi und Sanders als moralisches Handeln zu beschreiben ist nicht nur irreführend, sondern entwertet auch, was eine moralische Handlung aus philosophischer Sicht überhaupt ist.

Misselhorn verweist darauf, dass sich »[i]n der Informatik [...] der Begriff des Akteurs (*agent*) auf Roboter oder Software [bezieht], die eine bestimmte Funktion haben. Ihr Handeln besteht darin, diese Funktion zu erfüllen.« (2018, S. 75) Russell und Norvig definieren *agent* in diesem Sinne als »anything that can be viewed as perceiving its environment through sensors and acting upon that environment through actuators« (2016, S. 34, vgl. Alonso 2018). Es ist aber eine missverstandene Interdisziplinarität, aus einem in der Informatik gebräuchlichen Fachbegriff Konsequenzen für den philosophischen Handlungsbegriff zu ziehen. Die Maschinenethik macht es sich daher zu einfach, wenn sie sich lediglich die für sie »fruchtbarste Position« (Misselhorn 2018, S. 87) aussucht.

Dies gilt nicht nur für Handlungen, sondern auch für Moralität. Selbst wenn Maschinen handlungs- und entscheidungsfähig sind, sind sie nicht notwendig auch fähig, moralisch zu handeln bzw. zu entscheiden. Zum moralischen Handeln gehört es, Verantwortung für die eigenen Handlungen übernehmen zu können. Für die Zuschreibung moralischer Verantwortung macht Misselhorn Willensfreiheit, Kausalität, Absichtlichkeit und Wissen als Kriterien aus (vgl. 2018, S. 126–129). Beispielsweise ist die moralische Verantwortlichkeit von Kleinkindern und Tieren begrenzt. Diese wissen häufig nicht, dass eine Handlung moralisch problematisch ist, u.a. weil sie deren Folgen nicht begreifen können. Dies bedeutet jedoch nicht, dass Tiere und Kleinkinder nicht handeln können.

Gemäß diesen Kriterien können Maschinen keine moralische Verantwortung für ihr Verhalten übernehmen, da sie weder freien Willen haben noch Absichten verfolgen, noch Wissen[80] besitzen können. Ihnen dennoch moralische Verantwortung zuzusprechen entwertet den Moral- und Verantwortungsbegriff, was sich u.a. gesellschaftlich gravierend auswirkt (vgl. Kap. 5.1). Dies gilt auch, wenn man – wie Floridi und Sanders (2004, vgl. Loh 2019a, S. 49) – nicht Verantwortung, sondern das schwächere Konzept der Haftbarkeit als notwendige Bedingung für moralische Handlungen ansieht.

Daran knüpft auch die Überlegung an, es als notwendige Bedingung einer richtigen Handlung bzw. Entscheidung aufzufassen, dass ein Akteur auch falsch hätte handeln bzw. entscheiden können. Anzunehmen, dass KI Fehler begehen kann, ist jedoch ein technisches Missverständnis:

> »Eine K.I. kann [...] zwar kaputtgehen, von Viren befallen werden [...]. Aber wenn mein Computer abstürzt, begeht er keinen Fehler. Die Operationen meines Computers sind reine Logik. Es gibt keine Computerpsychologie.« (Gabriel 2018, S. 145)

Zu glauben, dass eine KI sich falsch entscheiden kann, ist dasselbe wie nach einem Münzwurf zu glauben, dass die Münze sich falsch entschieden hat, indem sie auf Kopf gelandet ist. Handlungen und Entscheidungen einer KI (falls ihr Verhalten als solche gewertet werden kann) können nicht falsch sein, sodass KI auch nicht als moralisch handelnd bzw. entscheidend angesehen werden kann. Dieses Argument entspricht dem sogenannten Prinzip der alternativen Möglichkeit (*principle of alternate possibilities*), das Harry Frankfurt (1969) in die ethische Debatte um Willensfreiheit eingeführt hat. Diesem Prinzip zufolge ist ein Akteur nur dann für eine Handlung verantwortlich, wenn er auch anders hätte handeln können, d.h. nicht determiniert ist.[81]

Was den Moral- und Verantwortungsbegriff betrifft, bekennt Moor zu Recht, dass wir nur ein »limited understanding of what a proper ethical theory is« (2006, S. 21) besitzen. Mit Fragen der Moral beschäftigt sich die philosophische Disziplin der Ethik. Die in der Ideengeschichte diskutierten Auffassungen, Positionen und Traditionen sind jedoch so verschieden, dass nicht einfach nur unklar ist, welche konkreten moralischen Regeln richtig sind. Grundlegender sind die Kontroversen darüber, ob und wie man moralische Regeln überhaupt ableiten, begründen und rechtfertigen kann, für wen diese moralischen Regeln gelten und ob Ethik nicht eigentlich viel mehr ist als das Ableiten, Begründen und Rechtfertigen moralischer Regeln.

Die auf Kant zurückgehende deontische Ethik, die auf Aristoteles zurückgehende Tugendethik und der Konsequentialismus/Utilitarismus sind gegenwärtig die drei einflussreichsten Strömungen der normativen Ethik.[82] Die kantische Ethik und die Tugendethik sind mit der Idee, dass Maschinen moralisch handeln können, jedoch inkompatibel – zumindest dann, wenn Maschine nicht *totum pro parte* eine hypothetische starke AGI meint.

Kants Ethik baut auf dem kategorischen Imperativ auf und beschränkt sich auf »rational[e] Akteure, die im Stande sind, sich selbst Zwecke zu setzen, und die einander deshalb gleichgestellt sind« (Misselhorn 2018, S. 108). Moralität ist für Kant das Handeln aus Pflicht, die mit der Einsicht in das Gute verbunden ist. Vor diesem Hintergrund ist es wenig verwunderlich, dass »Kantian ethicists tend to be among the most resistant to the idea that machines could be genuine moral agents« (Wallach/Allen 2008, S. 201).

Aristoteles' Ethik fragt dagegen nach der Glückseligkeit (griech. *eudaimonia*) des Menschen. Die Kunst des richtigen Handelns (= die Tugend), das zu dieser Glückseligkeit führt, wird durch die

Vernunft bestimmt. Wenn nicht von einer starken AGI die Rede ist, ist es abwegig, das Streben nach Glückseligkeit zum Wesen einer KI zu zählen. Es ist demnach ausgeschlossen, dass KI gemäß der Tugendethik moralisch handelt. Dies gilt umso mehr, als Tugenden nicht programmierbar sind. Zumindest für Aristoteles ist der Gedanke zentral, dass Tugenden ausschließlich durch Erziehung und Einübung erworben werden. Diese Erziehung und Einübung ist vielleicht bei einer AGI (egal ob stark oder schwach) denkbar, jedoch nicht bei spezifischer KI auf dem gegenwärtigen Stand der Technik.

Im Unterschied zu deontischen und tugendethischen Ansätzen betrachtet der Konsequentialismus lediglich die Folgen einer Handlung, während die auf ihm aufbauende Denkrichtung des Utilitarismus die Moralität einer Handlung im Hinblick auf ihren Nutzen für das Gemeinwohl betrachtet. Vorausgesetzt, dass Maschinen handeln können, wäre es für konsequentialistische bzw. utilitaristische Ethiken also deutlich einfacher, diese Handlungen moralisch zu bewerten, da sie grundsätzlich ohne Intentionalität, moralische Subjekte und das Streben nach Glückseligkeit auskommen (vgl. Wallach/Allen 2008, S. 200).

Wenn der Konsequentialismus aber nur deshalb implizit vorausgesetzt wird, weil er sich am ehesten mit der Idee, dass Maschinen moralisch handeln können, verträgt, unterliegt dies demselben methodischen Missverständnis, das ich bereits mit Blick auf den Handlungsbegriff herausgearbeitet habe. Die Frage, ob KI moralisch handeln und entscheiden kann, kann nur in Abhängigkeit davon geklärt werden, was unter einer moralischen Handlung und Entscheidung zu verstehen ist. Die kantische und die aristotelische Ethik (und andere, hier nicht thematisierte Ethiken) können nicht abgelehnt, zurückgewiesen oder ignoriert werden, weil sie nicht das gewünschte Ergebnis liefern – insbesondere dann nicht, wenn über die Moralimplementation (vgl.

Kap. 4.2) hinaus philosophische Aussagen getroffen werden. Für die Annahme, dass Maschinen moralisch handeln können, ist es ferner eine zwingende Voraussetzung, dass es überhaupt wahrheitsfähige moralische Urteile gibt, was jedoch insbesondere angesichts des in dieser Debatte häufig anzutreffenden Physikalismus alles andere als selbstverständlich ist.

Wie dieses Kapitel gezeigt hat, ist die Frage, ob KI handeln und entscheiden kann und ob die entsprechenden Handlungen und Entscheidungen darüber hinaus auch moralisch sein können, daher wesentlich komplexer, als es viele Beiträge in der interdisziplinären Maschinen- und Roboterethik suggerieren. Meines Erachtens ist sie sogar zurückzuweisen, wenn nicht explizit eine starke AGI gemeint ist, deren Realisierung wiederum philosophisch fragwürdig ist (vgl. Kap. 2 u. 3).

4.2 Moralimplementation

In Kap. 4.1 ist deutlich geworden, warum Maschinen kaum als handelnde Subjekte zählen dürfen. Dennoch bewirken Maschinen Ereignisse in der Welt: Ein Auto bewirkt etwa, dass eine Person von A nach B kommt. Es gibt aber auch CO_2 in die Atmosphäre ab. Es wäre absurd, das Auto als moralisches Subjekt anzusehen, welches für den von ihm (mit-)verursachten Klimawandel verantwortlich ist. Dennoch muss das Verhalten von Technik mit unseren moralischen Werten und Vorstellungen möglichst kompatibel sein. Für die Frage, wie sichergestellt werden kann, dass eine KI sich moralisch verhält (*behave ethically*), sehen Wallach und Allen es sogar als »simply irrelevant« (2009, S. 58) an, ob dieses Verhalten moralisches Handeln darstellt. Wenngleich dieser Unterschied aufgrund der Konsequenzen für den Verantwortungsbegriff nicht irrelevant ist (vgl. Kap 5.1), pflichte ich ihnen insofern bei, als das Verhalten einer KI unabhängig vom Begriff einer moralischen Handlung ein wichtiges ethisches Thema ist.

Verhalten definiere ich als die Gesamtheit aller beobachtbaren Ereignisse, die von etwas oder jemandem bewirkt werden. Dazu zählt jedes Handeln, aber auch unbewusste Reflexe (stolpern, sich räuspern etc.) und vegetative Prozesse bei Menschen und Tieren (vgl. Höffe 2013, S. 38–41) gehören dazu. Der Verhaltensbegriff wird zumeist im naturwissenschaftlichen Kontext (entweder in der Biologie oder der Psychologie) in Bezug auf Lebewesen verwendet. Jedoch ist der Begriff für Maschinen deshalb treffend, weil diese durch festgelegte Regeln und physikalische Gesetze determinierte Ereignisse bewirken. Dasselbe gilt für Software, deren Verhalten gleich ihrem Output ist.

Das Verhalten von Maschinen und Software ist für Menschen einschließlich ihrer Ingenieure nicht immer nachvollziehbar. Dies dürfte jeder bestätigen, der schon einmal ein paar Zeilen Programmiercode geschrieben hat oder daran verzweifelt ist, dass eine neue Spülmaschine kein Wasser abpumpt. Dennoch würde man Technik kein Eigenleben unterstellen, sondern weiß, dass der Fehler in der Konstruktion liegt, man z.B. eine Klammer vergessen oder ein Kabel nicht richtig angeschlossen hat. Auch das Verhalten von KI ist durch physikalische Gesetze und von Menschen festgelegte Regeln determiniert und daher außermoralisch (genau wie vegetative Prozesse von Menschen und Tieren). Nicht die Maschine verhält sich moralisch bzw. unmoralisch, sondern Menschen handeln moralisch bzw. unmoralisch, wenn sie Maschinen entwickeln oder benutzen, die moralisch Gutes bzw. Schlechtes bewirken. Deshalb müssen Menschen darüber nachdenken, wie KI sich angesichts geltender moralischer Normen verhalten soll.

Die kantische Ethik unterscheidet zwischen dem Handeln aus Pflicht, das gleichbedeutend mit Moralität ist, und dem pflichtgemäßen Handeln, das Kant in Abgrenzung zur Moralität als Legalität bezeichnet. Pflichtgemäß ist eine Handlung, wenn sie in Übereinstimmung mit der Pflicht erfolgt, unabhängig von den Gründen, aus denen jemand handelt (vgl. Kant 1785). Vergleichbar dazu spreche ich im Folgenden von moralgemäßem Verhalten statt von moralischem Verhalten.

Die gegenwärtige Diskussion um moralgemäßes Verhalten von Maschinen teilt sich in zwei Strömungen: erstens die spekulative Frage, wie eine zu erwartende Superintelligenz unter Kontrolle bleiben kann, die im Zusammenhang mit der Debatte um die Zukunft der Menschheit gestellt wird und auf die ich im Folgenden nicht weiter eingehe (vgl. Russell 2020; Yampolskiy 2015, 2018; Kap. 3.2); zweitens die maschinen- und roboterethische Diskussion zur Moralimplementation (vgl. Misselhorn 2018, S. 90–118).

Diese Moralimplementation steht wiederum vor zwei miteinander verbundenen Herausforderungen. Zum einen der ethischen Herausforderung: Wie sollen sich Maschinen verhalten? Zum anderen der technischen Herausforderung: Wie können wir uns sicher sein, dass eine Maschine sich so verhält, wie wir es wollen? Zum Beispiel wollen wir in Bezug auf den Straßenverkehr, dass bei einem Aufprall das Leben der Fahrzeuginsassen bestmöglich geschützt wird, da unsere Moral Menschenleben als wertvoll ansieht. Ein Airbag ist eine technische Lösung, um dieses Ziel in der Praxis zu erreichen, birgt aber selbst einige Risiken bei der Verwendung von Kindersitzen. Anders als in der sogenannten Lehnstuhlphilosophie bedarf die Moralimplentation in der Praxis ständiger Abwägungen, der sich auch eine kantische Ethik nicht verschließen kann: Obwohl ein Menschenleben ein unbedingt schützenswertes Gut ist, ist es kaum zielführend, jede

Beteiligung am Straßenverkehr als unmoralisch anzusehen, weil nur das Verkehrstote absolut verhindert. Stattdessen bedarf es einer vernünftigen Abwägung zwischen Menschenleben, Bewegungs- und Reisefreiheit sowie wirtschaftlichen Interessen. Der Schutz von Menschenleben kann praktisch immer nur eine sehr hohe, aber kaum absolute Priorität besitzen.

Die Fragen, die sich bezüglich der Moralimplementation bei KI-Systemen ergeben, sind nicht prinzipiell verschieden von den Fragen, die in jeder Technikethik zumeist unter dem Stichwort Technikfolgenabschätzung diskutiert werden (vgl. Grunwald 2013). Allerdings sind gegenwärtige KI-Systeme so komplex, dass es unmöglich ist, bei der Moralimplementation alle denkbaren Verhaltensweisen unter allen denkbaren Bedingungen zu berücksichtigen. Insbesondere beim unbeaufsichtigten ML (vgl. Kap. 1.2) geht es darum, ein System zu entwickeln, um bisher unbekannte und für Menschen praktisch nicht nachvollziehbare Algorithmen zu finden und zu optimieren, auf deren Grundlage etwa Bilder klassifiziert oder Entscheidungen getroffen werden. Diese Algorithmen sind logisch und physikalisch determiniert. Da es für Computer keinen echten Zufall, sondern nur Pseudozufall gibt, sind Algorithmen in der KI-Forschung nicht unerklärbar, sondern nur »pseudo-unerklärbar«. Norbert Wiener erklärt dazu in einem klassischen Aufsatz, dass »Maschinen zwar theoretisch der menschlichen Kritik unterliegen, die Kritik aber nicht wirksam wird, weil sie zu spät kommt und nicht mehr relevant ist« (Wiener 1960, S. 1355, dt. nach Weizenbaum 1978, S. 306).

Diese Pseudo-Unerklärbarkeit macht die praktische Frage der Moralimplementation bei KI-Systemen im Unterschied zu herkömmlicher Technik herausfordernd: Wenn nicht nachvollziehbar ist, wie der Bonitätsscore eines Bankkunden berechnet wird, wie ist dann sichergestellt, dass Kunden nicht aufgrund von Religion, Hautfarbe oder Herkunft bevorzugt oder benachteiligt werden? Wenn nicht genau nachvollziehbar ist, warum ein autonomes Fahrsystem eine Markierung als Zebrastreifen klassifiziert, wie stellt man dann sicher, dass das Auto abbremst, wenn jemand die Straße überquert?

Wallach und Allen unterscheiden zwei Ansätze der Moralimplementation: *top down* und *bottom up* (vgl. 2008, S. 83–124; Bendel 2019; Misselhorn 2018, S. 96–118). Den Top-down-Ansatz veranschaulichen sie am Beispiel von Leibniz, der 1674 nicht nur seine eigene Rechenmaschine gestaltete, sondern auch von »more powerful machines that could directly apply moral rules to calculate the best action in any circumstances« (Wallach/Allen 2008, S. 83) träumte.

Eine Strömung innerhalb des Top-down-Ansatzes ist es, mithilfe von KI »moralische Ratgeber« (Misselhorn 2018, S. 72) zu entwickeln, d.h. Systeme, die »nicht eigenständig moralisch handeln, sondern [...] entweder moralische Entscheidungen vorschlagen, die dann von einem Menschen überprüft und gegebenenfalls ausgeführt werden, oder aber sie bestimmen und strukturieren nur moralisch relevante Gesichtspunkte einer Situation, während die Bewertung und moralische Entscheidung dem Menschen überlassen bleibt« (ebd.). Wenngleich der Gedanke, solche Ratgeber zu entwickeln, verlockend erscheint (vgl. Anderson 2011; Misselhorn 2018, S. 73), sehen auch Wallach und Allen »the prospects for implementing ethical rules as formal decision algorithms« als »rather dim« an (je 2008, S. 83). Dies hängt insbesondere damit zusammen, dass vollkommen unklar ist, welche moralischen Regeln überhaupt die Grundlage für einen solchen Algorithmus darstellen sollen – ein grundsätzliches Problem für jeden Top-down-Ansatz der Moralimplementation.

Nichtsdestotrotz wurden in der Vergangenheit viele Top-down-Ansätze vorgeschlagen. Berühmt sind die »Grundregeln der Roboter« des Science-Fiction-Autors Isaac Asimov:

»*Das nullte Gesetz*
Ein Roboter darf der Menschheit keinen Schaden zufügen oder durch Untätigkeit zulassen, dass der Menschheit Schaden zugefügt wird.

Das erste Gesetz
Ein Roboter darf einem menschlichen Wesen keinen Schaden zufügen oder durch Untätigkeit zulassen, dass einem menschlichen Wesen Schaden zugefügt wird, es sei denn, dies würde das nullte Gesetz der Robotik verletzen.

Das zweite Gesetz
Ein Roboter muss dem ihm von einem menschlichen Wesen gegebenen Befehl gehorchen, es sei denn, dies würde das nullte oder erste Gesetz der Robotik verletzen.

Das dritte Gesetz
Ein Roboter muss seine Existenz beschützen, es sei denn, dies würde das nullte, das erste oder das zweite Gesetz der Robotik verletzen.« (Asimov 2022, S. 7)

Asimov hat diese Gesetze 1942 in der Kurzgeschichte »Runaround« veröffentlicht, wobei er das nullte Gesetz erst 1983 in dem Roman *Aufbruch zu den Sternen* hinzufügte. Interessant ist die neu hinzugekommene Priorisierung der Menschheit vor dem einzelnen Menschen. Im Zweifel darf einem einzelnen Menschen demnach Schaden zugefügt werden, wenn dies die Menschheit vor Schaden bewahrt.

Asimovs Robotergesetze haben die Debatte um Ethik und KI seit jeher geprägt (vgl. u.a. Misselhorn 2018, S. 108–114; Russell/Norvig 2016, S. 1038–1039; Wallach/Allen 2008, S. 91–95). In seinen Science-Fiction-Geschichten sind diese Gesetze fest in der Architektur eines jeden Roboters verankert (im sogenannten »positronischen Gehirn«), was auch für die wissenschaftliche Robotik bzw. KI-Forschung ein interessanter Ansatzpunkt ist: Die Entwickler einer KI – gleich, ob diese in einem Roboter oder im Cloud Computing ausgeführt wird – könnten diese Grundregeln fest in der Software verankern. Gleichzeitig können diese Regeln aber auch als Prüfstein zur Regulierung der Entwicklung von KI gelten: Es darf keine KI entwickelt werden, die diese Regeln verletzt.

Jedoch ist der hier vorausgesetzte Schadensbegriff sehr unspezifisch, was im Rahmen einer Science-Fiction-Geschichte nicht schlimm ist, aber die Alltagstauglichkeit der Gesetze infrage stellt. Es gibt nämlich Fälle, bei denen es diskutabel ist, das zweite dem ersten Gesetz vorzuziehen: Wenn eine Straftäterin aufgrund einer KI-basierten Bildverarbeitung identifiziert wird, entsteht ihr ein Schaden (durch Freiheitsentzug bei Verurteilung), aber ihre Festnahme ist moralisch vielleicht wünschenswert. Auch eine Drohne, die einen Terroristen eliminiert, bevor er einen Anschlag verübt, kann moralisch geboten sein.

Sowohl Asimovs Robotergesetze als auch viele andere Top-down-Ansätze bieten darüber hinaus nur notwendige, aber keine hinreichenden Bedingungen für moralgemäßes Verhalten. Top-down-Ansätze können also dazu dienen, einige unerwünschte Verhaltensweisen zu unterbinden – womit durchaus einiges gewonnen wäre. Dies macht aber nicht jedes mit den jeweiligen Gesetzen konforme Verhalten moralgemäß.

Im Unterschied dazu wollen Bottom-up-Ansätze »den kontextsensitiven Charakter der Moral in den Vordergrund« (Misselhorn 2018, S. 114) stellen. Ein Bottom-up-System simuliert also Urteilsvermögen und »lernt« anhand von konkreten Situationen, sich moralgemäß zu verhalten. Technisch geht dies üblicherweise mit der im ML/NN-Verfahren gängigen *Trial-and-error*-Methode einher (vgl. Wallach/Allen 2008, S. 99–115). Bottom-up-Ansätze kommen laut Misselhorn »insbesondere tugendethischen Ansätzen entgegen, da [...] moralische Tugenden nicht anhand von expliziten Regeln oder Prinzipien erworben werden können, sondern nur durch Gewohnheit und Übung« (2018, S. 114).

Wie bereits ausgeführt, wäre es jedoch ein Missverständnis, davon auszugehen, dass derlei KI-Systeme tatsächlich tugendhaft handeln: Wenn überhaupt, handelt es sich nur um die Simulation von tugendhaftem Handeln. Auch aufgrund der technischen Komplexität eines solchen Vorhabens wurden bisher »kaum Versuche angestellt, moralisches Lernen mit Hilfe neuronaler Netze umzusetzen« (Misselhorn 2018, S. 115; vgl. Wallach/Allen 2008, S. 99–115). Die technische Herausforderung der Moralimplementation ist bei derlei Ansätzen am größten, da praktisch nicht nachvollziehen ist, warum genau sich ein ML/NN-System auf eine bestimmte Weise verhält, d.h., es gibt keine Garantie dafür, dass beispielsweise ein im Labor trainiertes autonomes Fahrsystem sich zukünftig im Straßenverkehr immer genau so verhält, wie es Trainings- und Testdaten suggerieren.

Stattdessen kommt in der Praxis eine Form des auf David Hume zurückgehenden Induktionsproblems (vgl. Hume 1999, S. 107–118) zum Tragen: Einschätzungen dazu, wie sich ein Bottom-up-System zukünftig verhalten wird, basieren lediglich auf der Beobachtung von vergangenem Verhalten in ähnlichen Situationen. Auf Basis solcher Beobachtungen auf feste Regeln zu schließen, nach denen sich ein NN verhält, ist jedoch nicht möglich, da praktisch nicht nachvollziehbar ist, wie genau einzelne Datenpunkte gewichtet sind (vgl. Kap. 1.3 zur Funktionsweise von ML/NN).

Eine darauf aufbauende technische Herausforderung bei der Bottom-up-Moralimplementation durch ML/NN besteht in folgendem Paradox des bestmöglichen Outputs, das jedoch eher theoretischer Natur ist.[83] ML/NN basiert auf einem Kompromiss zwischen eingesetzten Ressourcen (Zeit- bzw. Rechenaufwand) und Ergebnisqualität. Von einem KI-System, das sich hinsichtlich seines moralischen Verhaltens selbst optimiert, würde man erwarten, dass es sich irgendwann verhält. Ohne externe Vorgaben, etwa zur Menge der Trainingsdaten und Anzahl der Trainingsläufe, ›weiß‹ ein ML-System jedoch nicht, wann das künstliche NN so optimiert ist, dass sein Output der bestmögliche Output ist. Ein solches System würde sich also endlos optimieren, aber niemals verhalten. Wenn externe Vorgaben gemacht werden, können weder das System noch seine Entwickler ausschließen, dass andere externe Vorgaben (z.B. ein zusätzlicher Trainingslauf oder ein zusätzliches Neuron im *Hidden Layer*) nicht zu einem noch besseren Ergebnis geführt hätten. Entsprechend kann ein Bottom-up-System sich niemals bestmöglich verhalten, da ein noch besseres mögliches Verhalten nicht ausgeschlossen werden kann – es sei denn, das System würde sich endlos selbst optimieren, was jedoch zur Folge hätte, dass es niemals irgendeinen Output produziert.

Sofern Bottom-up-Ansätze überhaupt realisiert werden können, bieten sie gegenüber Top-down-Ansätzen jedoch den Vorteil, dass KI-Systeme sich dann situationsbezogen verhalten können. Dies ist insofern relevant, als viele moralische Entscheidungen in der Praxis auf Abwägungen basieren. Für deren moralische (und auch juristische) Bewertung sind Intuitionen und Fingerspitzengefühl häufig maßgeblicher als ein starres moralisches Regelwerk (wie es Top-down-Ansätze vorgeben). Berühmt ist in diesem Zusammenhang die Diskussion um die moralische Erlaubnis bzw. sogar das Gebot von Notlügen, etwa um Menschenleben zu retten. Beispielsweise könnte ein KI-basierter Chatbot so programmiert sein, dass er immer wahrheitsgemäß antwortet, weil seine Entwickler ein strenges Lügenverbot (etwa im kantischen Sinn, vgl. Kant 1797a) befürworten. Tatsächlich spricht vieles dafür, KI nicht zur gezielten Verbreitung von Falschinformationen einzusetzen (gerade angesichts der Diskussion um Fake News). Jedoch wäre es moralisch fragwürdig, einen Chatbot zu veröffentlichen, der auf gezielte Nachfrage hin wahrheitsgemäß Anleitungen zum Suizid gibt, statt – wie fast alle gegenwärtigen Chatbots und Suchmaschinen – auf psychotherapeutische Beratungsangebote zu verweisen.

Während dieses Beispiel eindeutig scheint, gibt es Grenzfälle, in denen aus Situationen heraus sich selbst optimierende Bottom-up-Ansätze vielversprechender sein können. Beispielsweise ist es kein technisches Problem, mit einiger Genauigkeit zu bestimmen, ob sich hinter der Suchanfrage »Wie töte ich meine Ehefrau?« nur ein alberner Scherz oder eine gezielte Mordabsicht verbirgt (vgl. Stephens-Davidowitz 2017). Ist es hier ein wünschenswertes Verhalten, direkt die Polizei zu benachrichtigen, oder verletzt das die Informationsfreiheit des Täters? Was ist, wenn der Algorithmus berechnet hat, dass jemand diese Absicht alsbald umsetzen möchte? Und sollte eine KI die Polizei auch benachrichtigen, wenn sich jemand nicht über Mord, sondern nur über Fahrraddiebstahl informiert?

Diese Beispiele zeigen, warum Bottom-up-Ansätze der Moralimplementation interessanter sein können als starre Top-down-Ansätze, welche moralgemäßes Verhalten nicht anhand des Einzelfalls beurteilen können. Entsprechend plädieren Wallach und Allen (2008, vgl. S. 117–137) dafür, eine Kombination aus Top-down- und Bottom-up-Ansätzen der Moralimplementation zu verfolgen.[84]

Sowohl in der öffentlichen KI-Debatte als auch in der Maschinenethik werden Fragen der Moralimplementation häufig anhand des sogenannten Trolley-Dilemmas (dt. Weichensteller-Fall) diskutiert. Insbesondere in der Diskussion um autonome Fahrsysteme genießt es große Popularität (vgl. u.a. Wallach/Allen 2008, S. 13–23). Ursprünglich wurde das Szenario im Rahmen der Abtreibungsdebatte von Phlippa Foot (1967) in den ethischen Diskurs eingeführt, seither aber in unzähligen Abwandlungen diskutiert: Angenommen, eine Straßenbahn droht fünf Personen zu überfahren. Durch Umstellen der Weiche kann der Fahrer die Bahn auf ein anderes Gleis lenken, auf dem sich jedoch eine Person befindet. Darf/soll/muss der Fahrer die Bahn umlenken und dabei den Tod einer Person in Kauf nehmen, um das Leben von fünf Personen zu bewahren?

Foot diskutiert im Anschluss das auch für moralgemäßes Verhalten von Maschinen relevante Prinzip der Doppelwirkung (*Doctrine of the Double Effect*). Das Prinzip besagt, dass schlechte Konsequenzen einer Handlung moralisch dann erlaubt sind, wenn sie nur unbeabsichtigte Nebenfolgen sind, eine Handlung aber moralisch verboten ist, wenn die schlechten Konsequenzen beabsichtigt sind. Dennoch hinterlassen alle Lösungsansätze für dieses Dilemma ein unbefriedigendes Gefühl – auch und insbesondere das Nicht-Handeln, das hier den Tod von fünf Menschen zur Folge hätte. Gerade dies macht derlei Fälle aus ethischer Sicht jedoch interessant.

Anders als manchmal suggeriert, sind das Trolley-Dilemma und verwandte Gedankenexperimente nicht nur für autonome Fahrsysteme relevant bzw. ändert sich an der ethischen Bewertung der Situation wenig, wenn die Straßenbahn bzw. ein Auto statt von einem menschlichen Fahrer von einer KI gesteuert wird. Interessant ist lediglich, dass nicht der Fahrer entscheidet. Stattdessen müssen diejenigen, die ein autonomes Fahrsystem entwickeln, im Vorfeld entscheiden, wie sich das System in derlei Situationen verhalten soll – wobei das bewusste Unterlassen einer solchen Entscheidung oder die Implementation einer Bottom-up-Moral auch eine Entscheidung darstellt. Durch die Verlagerung der Entscheidungsmacht (und damit der Verantwortung) könnte auch die Zerstörung des Fahrzeugs (mit der Konsequenz der Tötung seiner Insassen) eine moralisch relevante Entscheidungsoption werden, wenn dadurch beispielsweise eine große Gruppe von Menschen gerettet werden kann.

Jedoch birgt das Trolley-Dilemma in Bezug auf autonomes Fahren die Gefahr, eine theoretische Debatte zum Prinzip der Doppelwirkung mit ihrer Anwendung auf konkrete Situationen zu verwechseln, die in ihrer Komplexität unmöglich vorhergesehen werden können. Darüber hinaus ist es (zumindest aus konsequentialistischer Sicht) moralisch beinahe fahrlässig, die Entwicklung von autonomen Fahrsystemen nicht aktiv voranzubringen, da diese aller Voraussicht nach sowohl quantitativ als auch qualitativ deutlich weniger schlimme Unfälle verursachen als menschliche Fahrer.

Für die Implementation von Moral sind immer Abwägungen erforderlich, für die Entwickler kluge Entscheidungen treffen müssen. Beispielsweise würde jeder Stundenkilometer, den autonome Fahrzeuge langsamer fahren, zu weniger Verkehrstoten führen, die Technik des autonomen Fahrens aber auch deutlich uninteressanter machen. Dabei ist zu bedenken, dass ein gravierender ethischer Unterschied darin besteht, eine bestimmte Technik nicht zu nutzen, weil es sie (noch) nicht gibt, und darin, bewusst auf ihre Anwendung zu verzichten. Daher ist über die Frage nach dem moralgemäßen Verhalten von KI hinaus die im Rahmen jeder Technikethik essenzielle Frage zu betrachten, ob Technik überhaupt moralisch neutral sein kann.

4.3 Normativität der Technik

Technik ist inhärent normativ, denn sie kann als »Produk[t] menschlichen Handelns nicht neutral sein« (Loh 2019a, S. 205). Durch sie wirken stets die Werte und Normen derjenigen, die sie geschaffen haben. Um diesen Gedanken nachzuvollziehen, ist es hilfreich, Technik von Technologie zu unterscheiden, wenngleich in der dominierenden englischsprachigen Debatte beides als *technology* bezeichnet wird.

Markus Gabriel zufolge ist Technik »der Vorgang der Herstellung von Werkzeugen zugunsten der Verbesserung unserer Lebensumstände« (2018, S. 130), was teilweise der klassischen Definition von Friedrich von Gottl-Ottlilienfeld entspricht, der unter Technik das »abgeklärte Ganze der Verfahren und Hilfsmittel des Handelns« (1923, S. 8) versteht.[85] Diese Definition verzichtet jedoch auf den bei Gabriel enthaltenen Verbesserungsaspekt, was ich insofern bevorzuge, als dieser vage bleibt und es etwa bei Militärtechnik zynisch ist, von einer Verbesserung menschlicher Lebensumstände zu sprechen. Präziser ist hier etwa Bostrom, der Technik (*technology*) als »die Summe aller instrumentell nützlichen kulturell übertragbaren Informationen« (2018, S. 14) versteht. Instrumentell nützlich ist nämlich auch Technik, die langfristig Lebensumstände verschlechtert.

Bemerkenswert an diesen Definitionen sind zwei Aspekte: Erstens bezeichnet Technik (zurückgehend auf griech. *téchne*) jeweils keinen konkreten Gegenstand, sondern den Vorgang bzw. das Verfahren, um konkrete Gegenstände herzustellen. Ein Computer ist demnach keine Technik, sondern das Produkt einer Technik, d.h. ein technisches Artefakt. Wie bereits erwähnt, kann KI auch als Technik verstanden werden, um »KI-Produkte« herzustellen (vgl. Kap. 1.4). Diese ontologische Unterscheidung ist aus ethischer Perspektive aber irrelevant, da selbstverständlich sowohl Technik als auch technische Artefakte inhärent normativ sind. Im Folgenden fühle ich mich daher keinem strikten Sprachgebrauch verpflichtet.

Zweitens greift der Technikbegriff viel weiter, als in ›technischen‹ Disziplinen (u.a. Informatik, Robotik oder Maschinenbau) häufig angenommen. Die menschliche Sprache fällt beispielsweise genauso unter obige Definitionen wie »Sortieralgorithmen, die doppelte Buchführung oder eine Geschäftsordnung« (Bostrom 2018, S. 14). Es ist eine wesentliche Einsicht, dass auch diese Techniken inhärent normativ sind, maschinelle Sprachverarbeitung (NLP) z.B. sogar doppelt: erstens, weil NLP eine Technik ist, und zweitens, weil NLP sich eine andere Technik (nämlich die menschliche Sprache) zu eigen macht, die zu den normativsten Techniken überhaupt gehört. Wenn etwa die Sprache eines KI-generierten Texts Machtstrukturen affirmiert, lässt sich daher kaum sagen, welchen normativen Anteil die KI und welchen die Sprache daran hat.

In Abgrenzung zur Technik bezeichnet Technologie »unseren *logos*, also unsere Vorstellung davon, was Technik ist«. Daher lässt sich sagen, dass »Technik [...] uns heute Vorstellungen davon [liefert], was wir tun sollen und wer wir sein wollen«, was wiederum darauf hinausläuft, dass Technik »ihre eigene Technologie« (je Gabriel 2018, S. 131, Hervorh. im Orig.) entwickelt. Wie die Diskussion von Singularität, Trans- und Posthumanismus gezeigt hat (vgl. Kap. 3.1), handelt es sich jedoch um eine »häufig anzutreffende Intuition« (Loh 2019a, S. 9), Technik als moralisch neutral aufzufassen. Diese manifestiert sich u.a. im sogenannten *KI-Weißbuch* der EU:

»Wie jede neue Technologie bringt auch KI sowohl Chancen als auch Risiken mit sich.« (Europäische Kommission 2020, S. 10)

»KI ist eine strategische Technologie, die viele Vorteile [...] bietet, sofern sie auf den Menschen ausgerichtet, ethisch und nachhaltig ist und die Grundrechte und -werte achtet.« (ebd., S. 30)[86]

Technische Artefakte sind demnach lediglich Werkzeuge, die für moralisch gebotene, erlaubte oder verbotene Zwecke gebraucht werden können, und es kommt nur darauf an, sie richtig anzuwenden. Diese These spitzt sich im berühmten Leitspruch der amerikanischen Waffenlobby zu: »Waffen töten keine Menschen, Menschen töten Menschen« (»Guns don't kill people, people do«, vgl. Loh 2019a, S. 204–205). Nach dieser Auffassung ist eine Waffe moralisch neutral. Ein ›finaler Rettungsschuss‹ kann unter Umständen moralisch erlaubt bzw. sogar geboten sein. Jemanden außerhalb einer Notwehr- bzw. Nothilfe-Situation zu erschießen ist dagegen unmoralisch. Moralisch relevant ist gemäß der Neutralitätsthese aber nur die menschliche Anwendung der Waffe, nicht jedoch die Waffe selbst.

Dies ist allerdings zu kurz gedacht: Das bloße Vorhandensein einer Technik beeinflusst nämlich den ethischen Bewertungsrahmen: Die Möglichkeit, eine Schusswaffe zu nutzen, eröffnet Menschen überhaupt erst eine moralisch relevante Handlungsoption, die sie andernfalls nicht gehabt hätten. Gleichzeitig bewirkt das Wissen darum, dass das Gegenüber bei einer Auseinandersetzung ebenfalls eine Waffe besitzen könnte, einen gewissen Druck, sich ebenfalls zu bewaffnen.

Daher ist Gabriel zuzustimmen, wenn er unter Verweis auf Martin Heidegger aufzeigt, dass es »naiv [ist], zu glauben, die Technik sei lediglich ein Mittel in einer von uns gewählten Zweck-Mittel-Beziehung« (2018, S. 167). Smartphones z.B. sind nicht nur »ein Mittel [...], um jemanden anzurufen. Vielmehr verändern Smartphones grundsätzlich unsere Einstellung zu Gesprächen und anderen Vorgängen der Veränderung der Wirklichkeit« (ebd., vgl. Turkle 2012; 2015). Erst aufgrund von Technik erscheinen manche Ziele und Zwecke überhaupt als sinnvoll: Vor Erfindung des Flugzeugs hatte z.B. kaum ein Mensch das Ziel, nach New York zu fliegen. Erst durch das Flugzeug wurde dieses Ziel denkbar. Auf KI übertragen: Vor 150 Jahren hat kaum ein Mensch ernsthaft darüber nachgedacht, gegen einen Computer Schach zu spielen oder seinen Kalender mithilfe eines sprachgesteuerten digitalen Assistenten zu pflegen.

Diese Ziele wurden erst durch Technik ermöglicht, die genau deshalb aber soziale Normen generiert. Wenn ich mich wegen Flugangst von einer Konferenz abmelde, erscheint das einigen Kollegen etwas seltsam. Wenn ich mich sozialen Netzwerken verweigere, verpasse ich wichtige berufliche Kontakte. Aber wenn ich das Internet nicht nutzen wollen würde, könnte ich an der gegenwärtigen Gesellschaft nicht mehr teilhaben.

Loh verweist in ihrer Absage an die Neutralitätsthese u.a. auf Peter-Paul Verbeek (2005), der anhand eines Esstischs beschreibt, »wie bereits einfache technologische Artefakte [...] bestimmte soziale und politische Strukturen wiedergeben und implizit affirmieren« (Loh 2019a, S. 205). Wie Programmiercode menschliches Verhalten reguliert, zeigt u.a. der Rechtswissenschaftler Lawrence Lessig auf (vgl. 2006, S. 120–137; Kap. 5.3).

Eine weitere Dimension der Absage an die Neutralitätsthese wird in den sogenannten Kranzberg'schen Gesetzen deutlich, die auf den Technikhistoriker Melvin Kranzberg zurückgehen. Im ersten Gesetz postuliert dieser, dass Technik weder gut noch schlecht noch neutral ist (vgl. 1986, S. 545), sondern immer in der gesellschaftlichen Interaktion verstanden werden muss. Im zweiten Gesetz beschreibt er technische Erfindungen darüber hinaus als »mother of necessity« (1986, S. 548). Dies bedeutet, dass jede Erfindung weitere Erfindungen notwendig bedingt. Deshalb muss Technik immer im Gesamtkontext verstanden werden, was u.a. die Komplexität digitaler Technik erklärt. KI hat sich in einer technischen ›Familie‹ (z.B. Computer, Internet, Big Data, Möglichkeiten zur Datenspeicherung, Sensortechnik etc.) entwickelt und spielt hier manchmal die Mutter-, manchmal die Tochterrolle: Zum Beispiel wäre gegenwärtige KI ohne das Internet nicht möglich gewesen. Gleichzeitig verändert KI, was das Internet ist und wozu es genutzt wird. Diese Wechselwirkung und die daraus resultierende Komplexität digitaler Technik sind wesentlich, um die gesellschaftlichen Veränderungen durch KI zu verstehen (vgl. Kap. 5).

Hans Jonas beschreibt im Rahmen seiner Ethik der Verantwortung, dass aufgrund der zunehmenden Komplexität von Technik auch die Ansprüche an ethische Systeme gewachsen sind. Die Technologie gewinnt Jonas zufolge »durch den zentralen Platz, den sie jetzt im subjektiven menschlichen Zweckleben einnimmt« (2013, S. 31), an ethischer Bedeutung: Traditionelle ethische Systeme erfassen meist nur Einzelhandlungen, doch genügt dies nicht mehr, um einer komplexen vernetzten Welt mitsamt den unabsehbaren Folgen menschlicher Technikanwendung gerecht zu werden. Während Jonas sich mit dieser Diagnose in den 1970er Jahren insbesondere auf Atomwaffen und Biomedizin bezieht, kann sie auch umstandslos auf KI übertragen werden: Die moralischen und gesellschaftlichen Konsequenzen von deren Entwicklung und Anwendung sind so komplex, dass eine auf Einzelhandlungen abzielende ethische Theorie ihr kaum gerecht werden kann.

Der von Jonas vorgesehene Ausweg sieht eine auf die Zukunft ausgerichtete Ethik der Verantwortung vor mitsamt dem bereits in Kap. 3.2 erwähnten neuen kategorischen Imperativ, dem zufolge jedes Handeln – und damit jede Anwendung von Technik – mit der Permanenz echten menschlichen Lebens auf Erden vereinbar sein muss (vgl. Jonas 2003; Mainzer 2019, S. 277).

Selbst wenn man Jonas' Vorschlag nicht teilt, wird man seine Diagnose zur Bedeutung von Technik und Technologie im 20. Jahrhundert (und ihre Gültigkeit auch für das 21. Jahrhundert) nicht leugnen können. Wenn die Ausgangsfrage des Kapitels, ob KI moralisch sein kann, also in der Weise interpretiert wird, dass sich aus ihrem Wesen heraus eine moralische Relevanz entfaltet, dann ist sie insofern zu bejahen, als jede Technik zwangsläufig »auf den Menschen ausgerichtet« (vgl. Europäische Kommission 2020, S. 30) ist.

Dies ist nicht ausschließlich im Blick auf negative Folgen zu verstehen. Es gibt zahlreiche Anwendungen der KI-Forschung, die ohne jeden Zweifel moralisch gut sind: Vielversprechend sind etwa Versuche, KI künftig unterstützend bei der Brustkrebs-Früherkennung einzusetzen. Frühwarnsysteme für Erdbeben und Tsunamis können durch ML/NN verbessert werden, genauso wie autonome Drohnen und Roboter, die mit einer Wärmebildkamera ausgestattet sind, helfen können, Verschüttete nach solchen Naturkatastrophen zu finden.

Es kann also nicht deutlich genug gesagt werden, dass Ethik »nicht als Innovationsbremse missverstanden werden« (Mainzer 2019, S. 278) darf. Nichtsdestotrotz lohnt es sich, auch die inhärente Normativität dieser moralisch wünschenswerten Anwendungen von Technik kritisch zu reflektieren: Wenn Googles DeepMind die führende KI zur Brustkrebs-Früherkennung (vgl. McKinney u.a. 2020) darstellt, wird es Ärzten künftig vielleicht moralisch geboten sein, diese in der Mammografie einzusetzen. Dadurch werden aber soziale und politische Strukturen wiedergegeben und implizit affirmiert (vgl. Kap. 5).

Derlei Strukturen herauszuarbeiten und offenzulegen erachte ich als eine wesentliche Aufgabe der Technikethik. Erst wenn die in diesem Kapitel aufgezeigte inhärente Normativität jeder Technik im öffentlichen Bewusstsein angekommen ist, ist auch ein umfassendes Verständnis von KI, das jeder moralischen Bewertung der Anwendung und Entwicklung notwendig vorangeht, möglich.[87] Bevor ich jedoch auf die Frage eingehe, ob bzw. unter welchen Voraussetzungen es moralisch ist, KI zu entwickeln (vgl. Kap. 4.5), werfe ich einen Blick auf die ebenfalls mit der inhärenten Normativität von Technik verbundene Diskussion, ob KI ein moralisches Objekt sein kann, das etwa bestimmte moralische Rechte besitzt.

4.4 KI als moralisches Objekt

Von der in Kap. 4.1 diskutierten Frage, ob KI moralisch handeln kann (also ein moralisches Subjekt ist), ist die Frage zu unterscheiden, ob KI ein moralisches Objekt ist, was insbesondere in Bezug auf KI-basierte Roboter diskutiert wird (vgl. Loh 2019a, S. 72–125). Es gilt also darüber nachzudenken, ob und inwiefern KI »ein Wert- und vielleicht gar Rechtsträger ist, ob man sich ih[r] gegenüber in einer bestimmten Weise verhalten sollte beziehungsweise ob ih[r] ein spezifischer Umgang zusteht« (Loh 2019a, S. 72). In der englischsprachigen Debatte zur Roboter- und Maschinenethik wird dies häufig als Frage der *moral patiency* bezeichnet, die den Gegenbegriff zu der in Kap. 4.1 diskutierten *moral agency* darstellt.

Typischerweise gelten alle moralischen Subjekte (also alle, die moralisch handeln können) auch als moralische Objekte. Umgekehrt gibt es nach den gängigen Moralvorstellungen auch moralische Objekte, die nicht (oder nicht im vollen Sinn) moralische Subjekte sind:

»Selbst dem schwerstbehinderten, bewußtseinsgestörten und hirngeschädigten Menschen sprechen wir die Würde und Achtung nicht ab, obgleich er in seiner Autonomie eingeschränkt ist. So hat das Tier als Mitkreatur die Würde und Achtung, die seinem Wesen zusteht.« (Mainzer 1994, S. 804)

Bemerkenswerterweise wird dies unter Bezug auf Floridi und Sanders in der Maschinen- und Roboterethik jedoch häufig als »non-standard position« (2004, S. 350) bezeichnet. Diese gehen nämlich davon aus, dass in der »standard position« (ebd.) *moral agents* und *moral patients* dieselbe Extension besitzen, d.h. nicht nur alle moralischen Subjekte auch moralische Objekte sind, sondern umgekehrt auch alle moralischen Objekte moralische Subjekte sind. Jedoch begründen sie das nur mit einem philosophiehistorisch zweifelhaften Halbsatz, in dem sie »many Christian Ethicists in general and [...] Kant in particular« (ebd.) diese Position zuschreiben.

Die in Kap. 4.3 skizzierte Ethik der Verantwortung von Hans Jonas versteht darüber hinaus auch die Natur als Wert- und Rechtsträger. Aus zwei Gründen: Erstens betrachtet Jonas Natur als »*sine-qua-non*« (2003, S. 245), d.h. als notwendige Bedingung für die Permanenz menschlichen Lebens in der Zukunft (also als dasjenige, was der Menschheit überhaupt erst eine Zukunft ermöglicht). Zweitens begründet er einen auf Aristoteles' Physik aufbauenden Naturbegriff, der Natur eine intrinsische »Eigenwürde, die der Willkür unserer Macht entgegensteht« (2003, S. 246) zuspricht.

Ethische Positionen, die der Natur an sich einen moralischen Wert zuschreiben, werden in der Umweltethik typischerweise als Physiozentrismus (griech. *physis* – ›Natur‹) oder Holismus (griech. *holos* – ›ganz‹) bezeichnet – in Abgrenzung zum Anthropozentrismus (griech. *anthropos* - ›Mensch‹), der davon ausgeht, dass die Natur höchstens insofern moralischen Wert besitzt, als sie für den Menschen nützlich ist. Aus einer physiozentristischen bzw. holistischen Überlegung heraus ist es nicht abwegig, sondern nur konsequent, auch Technik als Träger von moralischen Werten und Rechten zu betrachten.[88] Technik ist ein Produkt menschlichen Handelns, in dem Normen und Werte verwirklicht werden (vgl. Kap. 4.3). Deshalb gebietet es sich, Technik als Gegenstand moralischer Überlegungen zu verstehen.

Ein KI-basiertes Erdbeben- oder Tsunami-Frühwarnsystem ohne vernünftigen Grund abzuschalten ist demzufolge nicht nur aus konsequentialistischen Überlegungen heraus unmoralisch, sondern auch, weil es die moralischen Werte verachtet, die Menschen kraft ihrer Arbeit in es hineingelegt haben. Aus derselben Überlegung heraus ist es z.B. unmoralisch, Bücher zu verbrennen und das Blumenbeet des Nachbarn zu zertrampeln, da auch Bücher und Blumenbeete moralische Objekte und Träger moralischer Werte sind, insofern sie für einen bestimmten Zweck geschaffen wurden.

Die hier relevanten moralischen Werte sind selbstverständlich nicht absolut. Es kann viele gute Gründe geben, ein Blumenbeet zu zertrampeln (z.B. um ein Kind aus einem brennenden Haus zu retten) oder ein KI-basiertes Tsunami-Frühwarnsystem vom Netz zu nehmen (z.B. aus Wartungsgründen oder aufgrund von Sicherheitsbedenken). Dass es wichtigere oder höhere moralische Werte gibt, bedeutet jedoch nicht, dass technische Artefakte wertlos sind und ihnen kein moralischer Umgang zusteht.

Diese Überlegung lässt sich auch umkehren, da Technik auch Träger unmoralischer Werte sein kann. Ein autonomes Waffensystem kann z.B. zu dem Zweck entwickelt werden, möglichst viele Zivilisten zu töten. In Hegels Rechtsphilosophie findet sich das interessante Argument, dass ein Verbrecher ein Recht (!) auf Bestrafung hat, weil er nur in der Strafe als vernünftig (= als moralisches Subjekt) anerkannt wird (vgl. Hegel 1986, §§ 90–103). Vergleichbar dazu kann ein autonomes Waffensystem als moralisches Objekt anerkannt werden, indem man ihm das (moralische) Recht zuspricht, eliminiert zu werden, bevor es größeren Schaden anrichten kann.

Leider werden physiozentristische bzw. holistische Überlegungen zur Frage, ob KI Träger von moralischen Rechten und Werten sein kann, in der gegenwärtigen Debatte jedoch vernachlässigt. Sie scheinen nämlich unvereinbar mit dem dominierenden naturwissenschaftlichen Welt- und Menschenbild mitsamt dem dort häufig vorausgesetzten Konsequentialismus (vgl. Kap. 3). Häufiger wird daher aus einem Anthropozentrismus heraus die Auffassung vertreten, dass KI ein moralisches Objekt darstellt. KI wird hier nicht »um ihrer selbst willen als moralische[s] Handlungsobjek[t] identifziert, sondern aufgrund ihres Nutzens für die Menschen« (Loh 2019a, S. 86). Kate Darling (2016) und Anne Gerdes (2017) begründen jeweils Argumente gegen Roboterquälerei, die auf Kants berühmtem Argument gegen Tierquälerei aufbauen: Sich einem Tier gegenüber moralisch zu verhalten ist laut Kant keine Pflicht des Menschen gegen das Tier, sondern »immer nur Pflicht des Menschen gegen sich selbst« (1797b, AA VI, S. 443). Chatbots, Roboter etc. sind demnach moralische Trainingsobjekte. Es verbietet sich zum Beispiel, einen Chatbot zu beschimpfen, weil dies zur moralischen Verrohung des Beschimpfenden führt, aber nicht, weil der Chatbot leiden oder herabgewürdigt würde.

Eine vereinfachte Version dieses Arguments findet sich in der politischen Diskussion, ob Ego-Shooter (oder allgemein: Computerspiele mit Gewaltinhalten) zur moralischen Verrohung von Jugendlichen beitragen. Brisant ist vor diesem anthropozentristischen Hintergrund z.B. auch die Frage, ob es Pädophilen erlaubt sein sollte, mit einem das Aussehen und Verhalten eines kleinen Kindes simulierenden Sexroboter zu schlafen (vgl. Loh 2019a, S. 29–31). Ob das anthropozentristische Argument der moralischen

Verrohung tatsächlich zutrifft, ist jedoch vor allem eine psychologische Frage, wobei Menschen charakterlich so verschieden sind, dass pauschale Aussagen kaum möglich scheinen. Während es für manche Menschen durchaus ein befreiender Therapieansatz sein kann, Gewaltfantasien an einer KI auszulassen (ohne dass jemand zu Schaden kommt), kann genau dies bei anderen Menschen zum Katalysator ihrer Gewaltfantasien werden.

Unabhängig davon ist der Versuch, aus einer anthropozentristischen Position heraus Maschinen als moralische Objekte zu klassifizieren, fadenscheinig: Die (moralischen) Rechte, die einer KI lediglich »zum Schutz des moralisch angemessenen menschlichen Charakters« (Loh 2019a, S. 86) zukommen, sind nämlich äußerst indirekt. Anders als Loh sehe ich nicht, warum KI hier »auf ein moralisch angemessenes Verhalten Anspruch haben« (ebd.) sollte. Sie wäre zwar Gegenstand moralischer Überlegungen (und damit *moral patient*), aber in der kantischen Tradition hätte hier nur der Mensch einen Anspruch an sich selbst.

Neben den skizzierten physiozentristischen und anthropozentristischen Überlegungen gibt es das Argument, KI deshalb als moralisches Objekt anzuerkennen, weil sie ein moralisches Subjekt ist (u.a. Floridi/Sanders 2004; Misselhorn 2018; Wallach/Allen 2008). Dieses Argument ist zwar schlüssig, jedoch habe ich in Kap. 4.1 gezeigt, warum KI kein moralisches Subjekt sein kann. Ähnliches gilt auch für das Argument, KI aufgrund ihrer Leidensfähigkeit moralische Rechte zuzugestehen. Dieses ist ebenfalls schlüssig, setzt aber voraus, das KI leidensfähig ist, was in das Problem zurückführt, ob KI Emotionen haben kann (vgl. Kap. 2.4).

Aus derlei Argumenten werden jedoch teils sciencefictionartige Vorschläge abgeleitet, KI-basierten Robotern Roboterrechte analog zu Menschenrechten zuzusprechen. Presse- und öffentlichkeitswirksam hat im Jahr 2017 z.B. ausgerechnet das menschen-

und frauenrechtsverachtende Regime Saudi-Arabiens der androiden Roboterfrau Sophia die Staatsbürgerschaft zugesprochen (vgl. MDR Wissen 2017). Auch das Europaparlament arbeitet derzeit am Konzept der »elektronischen Person«, das KI-basierten Maschinen einen Status als Rechtssubjekt verleihen soll. Zu Recht verweist Loh (2019a, vgl. S. 84–85) jedoch darauf, dass diese Debatte weniger aus der Motivation heraus geführt wird, Robotern rechtliche oder moralische Ansprüche zuzugestehen, sondern dass es vor allem um eine pragmatische Lösung geht, Haftungsfragen beim Einsatz von autonomen Fahrzeugen, Industrierobotern oder Drohnen zu beantworten.

Der Personenbegriff wird hier analog zur juristischen Person verwendet, die mit ihrem Gesellschaftskapital für von ihr verursachte Schäden zivilrechtlich (in manchen Ländern wie den USA auch strafrechtlich) belangt werden kann. Umgekehrt besitzen juristische Personen Rechte, die ihre gesetzlichen Vertreter in ihrem Namen vor Gericht einklagen können.[89] Ähnlich dazu können elektronische Personen mit einer Haftungssumme ausgestattet werden, sodass sie z.B. bei einem auf einen Softwarefehler zurückzuführenden Verkehrsunfall vor Gericht belangt werden können. Dieses Konzept unterliegt jedoch dem in Kap. 4.1 aufgezeigten grundlegendem technischen Missverständnis, dem zufolge Computer Fehler begehen können. Ein Softwarefehler ist kein Fehler, den eine Software begeht, sondern ein Fehler, den Software-Entwickler (bewusst oder unbewusst) begehen, wenn sie Software entwickeln. Außerdem wird die fehleranfällige Software normalerweise nicht direkt auf dem Roboter oder dem autonomen Fahrzeug, sondern in einem Rechenzentrum bzw. einer Cloud ausgeführt, was erneut das ontologische Problem aufwirft, was genau Teil dieser elektronischen Person sein soll (vgl. Kap. 1.4).

Über rechtliche Fragen hinaus lassen sich aus dem Konzept der elektronischen Person ohnehin keine Schlüsse zum moralischen Status von Robotern bzw. KI ziehen. Genau wie juristische Personen sind auch elektronische Personen weder moralische Subjekte noch moralische Objekte.[90] Umgekehrt ergeben sich auch aus physiozentristischen Überlegungen zum moralischen Objektstatus von KI keine unmittelbaren Folgen für das Recht. Eine KI ist demnach wie jedes technische Artefakt schlicht eine Sache.

Joanna Bryson (2010) fordert sogar, Roboter als Sklaven anzusehen. Mit dieser bewusst provokanten Begriffsverwendung zielt sie darauf ab, dass menschliche Sklaven in der Menschheitsgeschichte nicht als Menschen angesehen wurden, sondern als Sache, die man besitzt und mit der man daher tun und lassen kann, was man möchte. Sie will damit vor allem unsere Vorstellungen von Robotern entmenschlichen (vgl. Kap. 3.2). Wenngleich ich dem Impetus dieses Gedankens durchaus zustimme, widerspreche ich doch der Aussage, dass »[a] robot can be abused just as a car, piano or couch can be abused – it can be damaged in a wasteful way« (2010, S. 72). Roboter sind zwar ihrem Wesen nach nicht wertvoller als Autos, Pianos oder Sofas, aber wie oben gezeigt sind auch diese technischen Artefakte Träger moralischer Werte und dürfen daher nicht auf mutwillige Weise zerstört werden.

4.5 Ist es moralisch, KI zu entwickeln?

Wie in der Auseinandersetzung mit den Thesen zur Singularität, Intelligenzexplosion und Superintelligenz (vgl. Kap. 3.1 und 3.2) deutlich geworden ist, erscheint es vielen als selbstverständlich, dass die Entwicklung von KI bzw. allgemein die technische

Entwicklung fortschreitet. Dies manifestiert sich u.a. in Bostroms »Hypothese der technologischen Vollendung« (vgl. Kap. 3.2) und in Spekulationen darüber, wie ›wir‹ uns gegenüber der bevorstehenden Superintelligenz verhalten sollen. Die technische Entwicklung als historische Notwendigkeit zu präsentieren ist darüber hinaus eine wichtige Strategie in der Lobby- und Öffentlichkeit von Technikkonzernen. Shoshana Zuboff beschreibt in ihrer Studie zum Überwachungskapitalismus (vgl. Kap. 5.2) das Silicon Valley als *»axis mundi* of inevitablism« (2019, S. 222, Hervorh. im Orig.), weil es den technischen Fortschritt als Naturgesetz betrachtet.

Diesem »gesellschaftlichen und technologischen Determinismus« (Loh 2019a, S. 211) zufolge ist es nur eine Frage der Zeit, aber keine Frage des Wollens, welche Form von KI die Zukunft prägen wird. Eine demokratische Gesellschaft, die durch einen ergebnisoffenen Diskurs lebt, darf sich einem solchen Determinismus jedoch keinesfalls unterordnen. Der Soziologe Manuel Castells beschreibt die Frage, ob Technik die Gesellschaft determiniert, überzeugend als »ein Scheinproblem, weil die Technologie[91] Gesellschaft *ist*, und weil die Gesellschaft ohne ihre technologischen Werkzeuge nicht verstanden oder dargestellt werden kann« (je 2017a, S. 5, Hervorh. im Orig.; vgl. Kranzberg 1992; Smith/Marx 1994). Dies führt ihm zufolge zu einer Dialektik, in der Technologie die Gesellschaft »verkörpert«, umgekehrt die Gesellschaft aber die technologische Innovation »benutzt«, jedoch keine die jeweils andere determiniert (je 2017a, S. 5, Fn. 3).

Loh ist daher unbedingt zuzustimmen, wenn sie fordert, dass die »Frage des technologisch Machbaren und des Könnens [...] der Frage des (moralisch) Wünschbaren und des Sollens nicht vorangestellt werden« (2019a, S. 211) darf. Joseph Weizenbaum unterscheidet treffend zwischen der »Entwicklung von Ideen« und deren Umsetzung. Während sich Ideen nicht verhindern oder verbieten lassen, können und müssen Wissenschaftler »entscheiden, was mit Ideen zu machen ist« angesichts dessen, dass die »Welt kein privates Testlabor der Wissenschaftler« (je 2001, S. 121) ist.

Thomas Metzinger (2017a; 2017b) hält die Idee künstlichen Bewusstseins zwar für technisch möglich (vgl. Kap. 2.3), argumentiert aber aus ethischen Gründen schlüssig dagegen. Dabei geht er von der – auch über den Konsequentialismus hinaus – relativ unumstrittenen Annahme aus, dass es moralisch verboten ist, Leiden zu verursachen. Allerdings wären »[d]ie ersten Maschinen, die eine minimal hinreichende Menge von Bedingungen für bewusstes Erleben und ein echtes Ichgefühl erfüllen würden« (2017a, S. 283) etwaigen »Fehlleistungen der menschlichen Ingenieure« (ebd.) hilflos ausgeliefert:

»Wahrscheinlich wären sie [= die ersten künstlichen Bewusstseine] halb taub, halb blind und hätten alle möglichen Schwierigkeiten, die Welt und sich selbst in ihr wahrzunehmen – und wenn sie echte künstliche Ego-Maschinen [= Subjekte in Metzingers Theorie, S.R.] wären, dann wären sie, *ex hypothesi*, auch in der Lage, darunter zu leiden.« (Metzinger 2017a, S. 284, Hervorh. im Orig.)

In Anlehnung an Albert Camus' Solidarität aller endlichen Wesen gegenüber dem Tod spricht Metzinger davon, dass »alle empfindungsfähigen Wesen, die leiden können, in der Lage sein [sollten], eine Solidarität gegen das Leiden zu entwickeln« (2017a, S. 285). Es verbietet sich daher, aus ingenieurwissenschaftlicher Experimentierlust die »Gesamtmenge des Leidens im Universum« (ebd.) zu erhöhen. Dieses Argument könnte sogar noch stärker gefasst werden, wenn man es aus einer kantischen Perspektive heraus formuliert: Bei der Konstruktion von künstlichem Bewusstsein können die ersten künstlichen Subjekte nämlich stets nur Mittel, niemals jedoch Zweck an sich sein.

Selbst wenn man eine starke KI (oder gar eine Superintelligenz) nicht für technisch ausgeschlossen hält bzw. die Debatte um Maschinenbewusstsein aus philosophischen Gründen für verfehlt ansieht, zeigt Metzingers Argument, dass starke KI auch aus ethischen Gründen fragwürdig ist. Doch auch jenseits dieser ohnehin eher spekulativen Debatte ist es wichtig zu klären, ob und inwiefern es moralisch ist, KI weiterzuentwickeln.

Zu unterscheiden ist hier zunächst zwischen dem, was moralisch erlaubt ist, und dem, was moralisch geboten ist. Beispielsweise ist es moralisch erlaubt, aber nicht geboten, schwimmen zu gehen. Dagegen ist es nicht nur erlaubt, sondern auch geboten, einer ertrinkenden Person (direkt oder indirekt) zu helfen. In Bezug auf KI geht es hier also erstens um die Frage, ob etwas dagegen spricht, zweitens aber um die Frage, ob etwas dafür spricht, KI zu entwickeln. Jedoch sind die KI-Forschung und die Anwendungen von KI so vielfältig und komplex, dass sich – wie auch in anderen Gebieten gegenwärtiger Technik – diese Fragen kaum pauschal beantworten lassen. Vielmehr muss es darum gehen, unter welchen Voraussetzungen welche Arten von KI als moralisch erlaubt bzw. geboten anzusehen sind und welche nicht.

Bereits in den 1970er Jahren verweist Weizenbaum auf zwei »Arten der Anwendung von Computern, die entweder überhaupt nicht zum Einsatz kommen oder [...] mit äußerster Vorsicht praktiziert werden sollten«. Erstens meint Weizenbaum »Anwendungen, bei deren bloßem Gedanken eine zivilisierte Person schon Ekelgefühle verspüren müßte«, weil sie ein »Angriff auf das Leben an sich« sind. Dies sind insbesondere Projekte, »bei denen ein Computersystem eine menschliche Funktion ersetzen soll, die mit gegenseitigem Respekt, Verständnis und Liebe zusammenhängt« (je 1978, S. 351), was viele Anwendungen einschließt, die heute unter Stichwörtern wie Mensch-Maschine-Interaktion, TH/PH, soziale Robotik oder Maschinenethik diskutiert werden (vgl. Kap. 3 und 4). Zweitens führt er die »automatisch[e] Erkennung der menschlichen Rede« (ebd., S. 354) an, die gegenwärtig eines der wichtigsten Forschungsgebiete im Bereich KI überhaupt ist. Weizenbaum verweist u.a. auf umfangreiche Anwendungsmöglichkeiten im Militär und die Möglichkeit einer umfassenden »Überwachung der verbalen Kommunikation« (ebd.), die gegenwärtig vor allem vor dem Hintergrund des Überwachungskapitalismus im Zusammenhang mit der zunehmenden Verbreitung von sprachbasierten KI-Assistenten wie Alexa und Google Home diskutiert werden muss (vgl. Kap. 5.2).

Wie bei vielen ethischen Fragen gilt es aber zwischen einer philosophisch-prinzipiellen und einer politisch-pragmatischen Dimension der Antwort zu unterscheiden. Beispielsweise gibt es gute Gründe, autonome Waffensysteme (u.a. Militärroboter und Drohnen) prinzipiell abzulehnen (vgl. Misselhorn 2018, S. 155–184). Wenn in der politischen Realität aber andere Staaten oder terroristische Gruppierungen genau solche Waffensysteme entwickeln, kann es aus pragmatischen Gründen geboten sein, dasselbe zu tun. Die denkbaren Argumente und Positionen dazu sind vergleichbar mit denen zur Entwicklung von US-amerikanischen Atomwaffen gegen und nach Ende des Zweiten Weltkriegs (vgl. Liebert 2003).

Die in Kap 4.2 formulierte technische Herausforderung bei der Moralimplementation lautete darüber hinaus: Wie können wir uns sicher sein, dass Maschinen sich so verhalten, wie wir es wollen? Die Ethik darf sich nicht damit begnügen, prinzipiell gegen autonome Waffensysteme zu argumentieren. Selbst wer autonome Waffensysteme ablehnt, muss den moralischen Anspruch an die Entwickler solcher Systeme formulieren können, dass die darin eingesetzte KI zumindest ›sicher‹ ist, u.a. also ausgeschlossen ist, dass sie sich anders verhält, als die Entwickler es vorhersehen können, und ihr Quellcode nicht in falsche Hände geraten kann.

Umgekehrt ist es prinzipiell wünschenswert, KI zur Früherkennung von Brustkrebs einzusetzen (vgl. Kap. 4.3 und 4.4). Auf politisch-pragmatischer Ebene sollte man dennoch darüber nachdenken, unter welchen Voraussetzungen man diese Technik einsetzen will. Wenn der Preis dafür ist, dass ein Großkonzern die Patientenakten von vielen Millionen Frauen auswerten darf, kann die massenhafte Anwendung dieser KI nach einer Güterabwägung noch immer moralisch geboten sein. Gerade dann muss sich eine Gesellschaft des moralischen Preises, den sie zahlt, bewusst sein und diesen ggf. selbstbewusst verhandeln, statt sich dem beschriebenen Determinismus zu ergeben.

Keine technische Entwicklung und keine politische Entscheidung ist jemals »alternativlos«[92]. Handlungsoptionen (= alethische Möglichkeiten) gibt es unendlich viele. Nur die moralischen Möglichkeiten sind begrenzt. Insbesondere ist es moralische (und in Deutschland auch rechtliche) Pflicht, gegenüber der KI-Forschung keine Zugeständnisse in Sachen Menschenwürde zu machen.

Politisch-pragmatisch sehe ich die Aufgabe der Ethik (bzw. der Geistes- und Sozialwissenschaften im Allgemeinen) vor allem in der unbeliebten, aber umso unentbehrlicheren Rolle einer Kämmererin, die den moralischen Wert und die Kosten einer Technik möglichst auf Punkt und Komma genau kalkuliert und dies den Entscheidungsträgern (also in einer Demokratie der Gesamtgesellschaft) transparent macht. Genau dies ist die Grundvoraussetzung, um überhaupt moralische Entscheidungen treffen zu können.

5. Wie verändert KI die Gesellschaft?

Insbesondere Cathy O'Neil (2017), Virginia Eubanks (2018), Hannah Fry (2019) und Katharina Zweig (2019) haben den Fokus der öffentlichen Debatte darauf gerichtet, wie KI den gesellschaftlichen Alltag seit einigen Jahren verändert. Im Laufe dieses Kapitels komme ich auf ausgewählte Beispiele zurück, wenngleich ich aufgrund ihrer Vielfalt und Komplexität nicht jedes einzelne im Detail diskutieren kann. Stattdessen zeige ich allgemeine Tendenzen auf und diskutiere die geistes- und sozialwissenschaftlichen Begriffe und Prinzipien, die vor dem Hintergrund dieser Veränderungen am relevantesten sind: Das Zusammenspiel von Algorithmen, Menschen und Verantwortung (vgl. Kap. 5.1), das auf Shoshana Zuboff zurückgehende Konzept des Überwachungskapitalismus, dessen wichtigstes Produktionsmittel KI ist (vgl. Kap. 5.2), und die sich daraus ergebenden Fragen der Regulierung und Regulierbarkeit von KI (vgl. Kap. 5.3).

In meinen abschließenden Bemerkungen zu Bildung und Wissenschaft (vgl. Kap. 5.4) zeige ich unter dem Schlagwort des Digitalen Humanismus auf, was im Bereich der Bildung und Ausbildung getan (und nicht getan) werden muss, um den gesellschaftlichen Wandel durch KI positiv zu gestalten, und welche Konsequenzen sich aus der in diesem Buch geleisteten Betrachtung von KI für die Geistes- und Sozialwissenschaften ergeben.

5.1 Algorithmen, Menschen und Verantwortung

Um zu entscheiden, ob Gefangene das Recht auf eine vorzeitige Haftentlassung haben, berufen sich Richter zumeist auf eine Sozialprognose, die Auskunft über das Risiko gibt, dass diese Person in Freiheit erneut ein Verbrechen begeht. In den USA wurde dieses Verfahren inzwischen durch ML/NN-Verfahren automatisiert (vgl. u.a. O'Neil 2018, S. 26–48; Fry 2019, S. 65–97; Zweig 2019, S. 19–30). Dabei wird ein NN mit möglichst vielen und umfassenden Datensätzen vergangener Jahre trainiert (vgl. Kap. 1.3). Ziel ist es, mathematische Muster zwischen Haftentlassungen und der Rückfälligkeit von Entlassenen zu finden, um das Rückfallrisiko von zukünftigen Kandidaten für eine Haftentlassung zu berechnen.

Nach demselben Prinzip ermitteln u.a. Banken das Kreditausfallrisiko, Versicherungen die Lebenserwartung, Arbeitgeber die berufliche Qualifikation ihrer Bewerber und Universitäten die Eignung von Studienanfängern. Auf Basis von Vorhersagealgorithmen (*predictive algorithms*) werden in den USA u.a. Gegenden mit hohen Verbrechensquoten identifiziert, um dort die Polizeipräsenz zu erhöhen (vgl. Fry 2019, S. 169–206), und in naher Zukunft Organspendeempfänger nach Dringlichkeit und Lebenserwartung kategorisiert (vgl. Pullen 2019). Theoretisch (und in vielen Bereichen des Alltags schon praktisch) können sie überall eingesetzt werden, wo zuvor Menschen Entscheidungen getroffen haben.

Gesellschaftlich relevant wird diese Technik bei grundlegenden Entscheidungen über menschliche Schicksale. Ob eine Highschool-Absolventin den begehrten Studienplatz erhält, ob ein Bewerber eine Anstellung findet oder ob eine verurteilte Person auf Bewährung entlassen wird, beeinflusst das Leben der Betroffenen maßgeblich. Das Beispiel der Haftentlassung verdeutlicht, dass das wünschenswerte Ergebnis zwei Dimensionen hat: Erstens soll von Gefangenen, die freikommen, möglichst niemand wieder ein Verbrechen begehen. Zweitens soll von den Gefangenen, die nicht freikommen, möglichst niemand unnötig einsitzen. Datenwissenschaftlich ausgedrückt: Sowohl *false positives* und *false negatives* (dt. Fehler 1. und 2. Art) müssen minimiert werden. *False positives* bedrohen die öffentliche Sicherheit, *false negatives* bedeuten unnötige Unterbringungskosten.[93]

Neben der Zeit- und Kostenersparnis, die sich daraus ergibt, menschliche Entscheider durch KI zu ersetzen, erhoffen sich die Verantwortlichen eine geringere Fehlerquote. Richter arbeiten häufig unter Zeitdruck, weshalb ihre Entscheidungen fehleranfällig sind. KI ist niemals überarbeitet und verwendet auf jede Entscheidungssituation dieselbe Menge an Rechenleistung, Zeit und Genauigkeit.

Wenn tatsächlich ML/NN und nicht regelbasierte Programmierung[94] angewandt wird, erhoffen sich die Verantwortlichen darüber hinaus ›bessere‹ Ergebnisse, da Menschen in komplexen Entscheidungssituationen leicht überfordert sind. Dass sich praktisch nicht nachvollziehen lässt, wie genau und warum im NN einzelne Faktoren wie gewichtet werden, gilt dabei als Argument für die Qualität der Ergebnisse. Dies scheint vergleichbar mit einer auf mittelamerikanische Töpferkunst spezialisierten Archäologin, die verlässlich Keramik der Azteken von Keramik der Tolteken unterscheiden kann, ohne Gründe für ihre Einschätzungen artikulieren zu können (vgl. Brandom 2001, S. 98–99). Während man bei dieser Archäologin jedoch auf ihre Erfahrung und Intuition vertraut, vertraut man bei einer KI auf die scheinbare Überlegenheit der Mathematik. Diese Überlegenheit ist jedoch mindestens bestreitbar; ganz sicher ist sie nicht absolut (vgl. Fry 2019, S. 76–86).

Vorhersagealgorithmen scheinen einen weiteren Vorteil zu besitzen: Menschliche Entscheider sind in ihren Urteilen über andere Menschen häufig voreingenommen (*biased*), häufig sind sie sich ihrer eigenen Voreingenommenheit nicht einmal bewusst. Wenn Entscheidungsprozesse automatisiert würden, würde diese Voreingenommenheit überwunden, da Mathematik – so ein häufig vorgebrachtes Argument – stets objektiv sei. Bei der Selektion etwa von Studien- oder Berufsbewerbern, aber auch im Rechtssystem und in der Polizeiarbeit könne Diskriminierung auf diese Weise ausgeschlossen werden.

Dieses Argument ist jedoch aus drei Gründen falsch. Erstens ist es praktisch nicht nachvollziehbar, ob und ggf. wie stark ein NN Faktoren wie Hautfarbe, Herkunft, Religion und Geschlecht gewichtet; zumindest dann, wenn diese Datenpunkte nicht zuvor aus den Test- und Trainingsdatensätzen entfernt werden. Doch korrelieren diese stark mit neutral scheinenden Datenpunkten wie Stadtviertel, Grundschule, Beruf der Eltern, Nachname etc. Wenn auch diese entfernt werden, bleiben für das Training des NN nur wenige Datenpunkte. Dies aber widerspricht dem Grundgedanken von ML/NN, basierend auf möglichst vielen verschiedenen Datenpunkten effizient Muster zu finden.

Zweitens stammen Test- und Trainingsdaten zwangsläufig aus der Vergangenheit. Dadurch werden die subjektiven Fehler menschlicher Entscheider objektiviert. Für Betroffene ist es schlimm, *false negatives* zu sein, wenn ihnen z.B. die Haftentlassung oder Kreditzusage eigentlich zusteht, aber aufgrund ihrer Hautfarbe verweigert wird. Anders als *false positives* (also Menschen, die nach der Haftentlassung wieder ein Verbrechen begehen oder die ihren Kredit trotz Zusage nicht tilgen können) lassen sich *false negatives* im Nachhinein nicht bestimmen. Es ist unmöglich zu sagen, welche Personen ihren Kredit erfolgreich getilgt hätten, wenn er ihnen nicht verweigert worden wäre. Gruppen, die in der Vergangenheit u.a. aufgrund von Hautfarbe, Religion und Geschlecht diskriminiert wurden, sind in den *true positives* daher stark unterpräsentiert. *True positives* spielen in den Test- und Trainingsdaten im ML/NN jedoch eine zentrale Rolle. Studien zur automatisierten Gesichtserkennung belegen, dass eine KI, die überproportional mit Bildern weißer Männer trainiert wird, sehr gut darin ist, weiße Männer zu identifizieren, aber bei Bildern von Menschen mit anderen Hautfarben und mit anderem Geschlecht in Schwierigkeiten gerät (vgl. Buolamwini/Gebru 2018; Eubanks 2018).[95] Vorhersagealgorithmen sind daher nicht nur kein adäquates Mittel, um Diskriminierungen zu verhindern, sondern affirmieren, potenzieren und objektivieren diese sogar. Für Betroffene wird es dadurch praktisch schwierig bis unmöglich, gegen eine scheinbar objektive, aber ungerechte Entscheidung vorzugehen.

Drittens zeigt sich das in Kap. 4.2 beschriebene Induktionsproblem: Vorhersagealgorithmen berechnen ihre Prognosen nämlich, indem sie Merkmale einer Person ausfindig machen und diese in Hinsicht darauf gewichten, dass dieselben Merkmale bei anderen Personen zu einem bestimmten Ergebnis geführt haben. Eine Person wird demnach aufgrund des Verhaltens anderer Personen, die ähnliche Merkmale aufweisen, bewertet. Bei der Frage, ob eine Bewerberin einen Studienplatz erhalten soll, wird ihre Eignung also lediglich danach beurteilt, wie Bewerber früherer Jahrgänge abgeschnitten haben und wie ähnlich sie diesen ist.

Julian Nida-Rümelin und Nathalie Weidenfeld schreiben scheinbar zutreffend, dass diese Praxis in »eine inhumane Wirtschaft« führe. Jedoch sitzen sie einem Missverständnis auf, wenn sie glauben, diese Entscheidungen seien inhuman, weil »alle menschlichen Entscheider verschwinden« und es »keinerlei menschliche Verantwortung« (je 2018, S. 74) mehr gibt.[96] Auf

Vorhersagealgorithmen basierende Entscheidungen sind vielmehr deshalb inhuman, weil die Menschen, über die entschieden wird, auf ihre maschinell berechenbaren Datenpunkte reduziert werden und damit aus der Entscheidung verschwinden (vgl. Kap. 3 zum Menschenbild im Zusammenhang mit KI). Entscheidungen über menschliche Schicksale treffen zu wollen, ohne die betroffenen Menschen als Menschen zu sehen, kann aber *per definitionem* nicht ethisch sein, sondern ist allenfalls die Perversion einer Ethik.

Dieselbe Stoßrichtung verfolgt bereits Weizenbaums Argument vom Computer als »Instrument zur Zerstörung von Geschichte« (1978, S. 313):

> »[W]enn eine Gesellschaft nur jene ›Daten‹ als legitim anerkennt, die in ›standardisierter Form‹ vorliegen, so daß sie ›einem Computer leicht eingegeben werden können‹, dann ist Geschichte, dann ist Erinnerung überhaupt ausgelöscht.« (Weizenbaum 1978, S. 313)

In diesem Sinne kann der Computer hier als Instrument zur Zerstörung von Menschen verstanden werden, dessen Beschränkung auf standardisierte Datenpunkte menschliche Erfahrung überhaupt auslöscht.[97]

Das Phänomen, Menschen mithilfe von Algorithmen nach ihrem wirtschaftlichen und politischen Wert zu kategorisieren, charakterisiert Oscar Gandy (1993) treffend als »panoptisches Sortieren« (*panoptic sort*). Damit verweist er auf Michel Foucaults (1977) Konzept des »alles sehenden« Panoptismus, mit dem dieser Überwachungs- und Kontrollmechanismen als gesellschaftlich äußerst wirksame Kräfte beschreibt. Vor einem ähnlichen Hintergrund hat sich zuletzt eine kritische Soziologie der Algorithmen (auch: *Criticial AI Studies*, vgl. Gillespie/Seaver 2015; Seyfert/Roberge 2017) etabliert. Diese knüpft an die ideologiekritische Analyse der bürgerlichen Gesellschaft durch die Frankfurter Schule (auch Kritische Theorie genannt, vgl. u.a. Honneth 2016) an und befasst sich vor allem mit »Diskriminierungen innerhalb bürokratisch-formeller Prozeduren, [...] den Implikationen soziotechnischer Systeme und den auf diesen beruhenden sozialen Praktiken« (Gillespie 2017, S. 75).

Das umfassendste Großprojekt panoptischen Sortierens ist das gegenwärtig von der chinesischen Regierung in Auftrag gegebene Sozialkreditsystem (basierend auf einem sogenannten *Social Credit Score*). Dieses soll jedem Bürger »einen Bewertungsstempel [aufdrücken], der seine neue Identität wird, der letztlich über seine Teilhabe am Alltagsleben und über seinen Zugang zu gesellschaftlichen Ressourcen entscheidet« (Strittmatter 2018, S. 183; vgl. Heilmann 2018; Schauer 2018). Während die in Europa häufig ausgedrückte Empörung über dieses Projekt wichtig und richtig ist, ist sie unredlich, wenn sie nicht gleichzeitig die weltweit drohende »Gefahr des Super-Scores« (SVRV 2018, S. 61) bzw. eines »digitale[n] Kapitalismus chinesischer Prägung« (Staab 2019, S. 296) ernst nimmt. Auch die EU plant u.a. den Einsatz von KI-basierten Entscheidungssystemen zur »Ausstattung von Strafverfolgungsbehörden mit geeigneten Instrumenten« (Europäische Kommission 2020, S. 2), damit »EU-Bürger u. U. besser vor Verbrechen und terroristischen Anschlägen geschützt werden« (ebd., Fn. 5).[98]

Gegenwärtig drückt sich die Gefahr des Super-Scores in Deutschland vor allem in Bonitätsscores von Auskunfteien wie der Schufa oder Arvato Infoscore aus (vgl. SVRV 2018 u. Staab 2019, S. 296–299). Letzterer ist Teil des Bertelsmann-Konzerns, der mehrheitlich der Bertelsmann Stiftung gehört, deren Gemeinnützigkeit sowie Einflussnahme auf Politik und Medien nicht unkritisch zu sehen sind (vgl. u.a. Schuler 2010; Hollstein 2020). Dies ist hier relevant, weil die Bertelsmann Stiftung zuletzt die öffentliche Debatte zur ›Algorithmenethik‹ in Deutschland zu prägen versucht hat, u.a. durch Unterstützung von Algorithm Watch[99], die Forderung nach »Regeln für die Gestaltung algorithmischer Systeme« (sog. *Algo Rules*) und zahlreiche Arbeitspapiere, die z.B. ein *Ethics Label* für Algorithmen vorschlagen (vgl. Bertelsmann Stiftung 2020).

Dennoch erachte ich die in den *Algo Rules* (2019) und vergleichbaren Ethikrichtlinien[100] ausgedrückten Anforderungen u.a. an Transparenz, Sicherheit und Beherrschung aus politisch-pragmatischer Perspektive (vgl. Kap. 4.5) für unabdingbar, um Algorithmen ethisch bewerten zu können. Jedoch wäre es ein Fehler, die notwendigen Voraussetzungen für eine ethische Bewertung mit der ethischen Bewertung selbst zu verwechseln. Beispielsweise wird das chinesische Sozialkreditsystem den *Algo Rules* grundsätzlich gerecht[101] und findet in der chinesischen Bevölkerung durchaus Akzeptanz (vgl. Kostka 2019). Panoptisches Sortieren ist aber auch inhuman, wenn es sicher, beherrschbar, transparent, dokumentiert, getestet und gekennzeichnet ist, die rechtliche Verantwortlichkeit geklärt wurde und die Betroffenen davon wissen oder gar damit einverstanden sind.

Gesellschaftlich wirkt sich KI darüber hinaus auch aus, wenn man eine Verantwortungslücke (*responsibility gap*) annimmt, d.h. davon ausgeht, dass für KI-basierte Entscheidungen niemand verantwortlich ist. Dies führt in eine weit über Vorhersagealgorithmen hinausreichende Debatte (vgl. u.a. Leveringhaus 2016, S. 59–87; Misselhorn 2018, S. 171; Sparrow 2007). Robert Sparrow argumentiert etwa in seiner Kritik autonomer Waffensysteme, »dass für die Handlungen eines solchen Systems letztlich niemand zur Verantwortung gezogen werden kann, nicht die Programmierer, nicht die Befehlshaber, nicht das Bedienpersonal und nicht die Maschine selbst«. Laut Sparrow »minimiert oder gar verliert« sich die Verantwortung, indem sie »auf viele Schultern verteilt« wird (je Misselhorn 2018, S. 167; vgl. Sparrow 2007). Sparrow lehnt »Killer Robots« (2007, S. 62) also deshalb ab, weil niemand für die von ihnen verursachten Tötungen moralisch verantwortlich gemacht werden könne.

Dieses Argument der Verantwortungslücke, das auch mit Blick auf Vorhersagealgorithmen verlockend erscheint, ist jedoch, wie Misselhorn zeigt, aus zwei Gründen trügerisch: Erstens kann ein Verhalten auch moralgemäß (vgl. Kap. 4.2) sein, wenn es keinen moralisch Verantwortlichen gibt. Misselhorn verweist dafür auf Alex Leveringhaus' Beispiel eines psychisch und physisch missbrauchten Kindersoldaten, der unter Drogeneinfluss seine Peiniger tötet, um sich und seine Familie zu retten (vgl. Misselhorn 2018, S. 168–169; Leveringhaus 2016, S. 74–75). Es wäre demnach falsch, die moralische Rechtfertigung von Vorhersagealgorithmen davon abhängig zu machen, ob jemand für sie verantwortlich ist. Zweitens sieht Misselhorn es als »fraglich« (2018, S. 169) an, überhaupt davon auszugehen, dass niemand für das Verhalten einer KI moralisch verantwortlich ist. Bereits vor etwa zwanzig Jahren kritisierte Weizenbaum in diesem Zusammenhang, dass eine »allgemeingesellschaftlich[e] [...] Scheu davor existiert, Verantwortung zu übernehmen« (2001, S. 33).

Hier zeigt sich u.a. deutlich, welche gravierenden Konsequenzen es nach sich zieht, wenn sich der geistes- und sozialwissenschaftliche sowie der öffentliche Diskurs von einer fachspezifischen Verwendungsweise der Begriffe »agency« und »decision« irreleiten lassen. Wie in Kap. 4.1 dargestellt, ist es nämlich nicht der Computer, der eine Entscheidung trifft oder eine Handlung vollzieht, sondern Menschen (Regierungen, Unternehmen, Institutionen) entscheiden sich dafür, computergestützte Verfahren als Methode der Entscheidungsfindung einzusetzen.

Verantwortlich ist ein Algorithmus bzw. eine KI höchstens in dem trivialen Sinne, in dem ein Installateur »die fortgeschrittene

Korrosion [...] für den Rohrbruch *verantwortlich* macht« (Nida-Rümelin 2011, S. 19, Hervorh. im Orig.). Aus dieser Ursächlichkeit auf eine moralische, rechtliche oder politische Verantwortung[102] der KI zu schließen drückt entweder technische Unkenntnis oder mangelnde philosophische Reflexion aus – wenn es nicht sogar ein bewusster Versuch ist, Politik und Wirtschaft bzw. die dort handelnden Personen von ihrer moralischen Verantwortung für die Entscheidung, eine bestimmte Software für einen bestimmten Zweck einzusetzen, freizusprechen (vgl. Weizenbaum 1978, S. 316–318).[103]

Dies schließt eine (Mit-)Verantwortung der Programmierer dieser Software (bzw. der Unternehmen, die Software entwickeln und verkaufen) nicht aus. Offensichtlich sind diese moralisch verantwortlich, wenn sie den Quellcode manipulieren, d.h. gezielt ein schlechtes Produkt gegen den Willen ihrer Auftraggeber entwickeln. Doch auch solche Fälle sind ethisch relevant, in denen die Entwickler die Sicherheit ihres Produktes nicht garantieren können, dies den Auftraggebern aber verschweigen. Dies ist vergleichbar mit einem Installateur, der bewusst ein Heizungsrohr minderer Qualität verkauft. Wenn er dies den Käufern verschweigt, um einen guten Schnitt zu machen, ist er für den daraus resultierenden Rohrbruch moralisch (mit-)verantwortlich. Wenn er die Käufer über die mangelnde Qualität aufklärt und diese es dennoch einsetzen wollen, scheint die moralische Verantwortung dagegen bei den Käufern zu liegen.

Grundlegend zu diskutieren wäre an dieser Stelle aber die »ethische Ingenieurverantwortung« (vgl. Reidel 2013; Weizenbaum 1978, S. 337–366, 2001, S. 120–131) in Bezug auf KI, also z.B. die Frage, ob die Programmierer eines autonomen Waffensystems dafür verantwortlich sind, wenn dieses für Kriegsverbrechen genutzt wird. Auch ist unbedingt zu diskutieren, ob es eine moralische Pflicht zum Whistleblowing gibt, wie es vor allem die von Edward Snowden ausgelöste NSA-Affäre (vgl. u.a. Beckedahl/Meister 2013) nahelegt. Wie bereits die in Kap. 4.5 aufgeworfene Frage, ob es moralisch ist, KI zu entwickeln, muss jedoch auch die Frage nach Ingenieurverantwortung im größeren Kontext der Technikethik gesehen werden.

Es ist ein weithin akzeptiertes Missverständnis, dass digitale Produkte und ihre Entwickler anders zu bewerten seien als herkömmliche Produkte und Hersteller. In Anlehnung an das als »amerikanischer Exzeptionalismus« bezeichnete Denken, nach dem die USA gegenüber anderen Nationen eine Sonderstellung in der Welt einnehmen, hat sich dafür der Begriff des technischen Exzeptionalismus (*tech exceptionalism* oder *technology exceptionalism*) etabliert. Dieser beschreibt in zumeist kritischer Absicht die Sonderstellung, die großen Digitalkonzernen im politischen und gesellschaftlichen Denken sowie insbesondere in der Gesetzgebung und -auslegung eingeräumt wird (vgl. Doctorow 2020; Jones 2018; Popiel 2018). Dieses Denken geht zumeist einher mit der allgemeinen und von Evgeny Morozov ebenfalls in kritischer Absicht beschriebenen Annahme einer »Überwachungsdividende«[104], also der »Vorstellung, wonach das Internet der Dinge, Big Data und die unausweichliche Erschütterung des gesamten Universums durch eine Handvoll kalifornischer Start-up-Unternehmen zu wirtschaftlichem Überfluss, politischer Emanzipation und weltweitem Wohlstand führen« (Morozov 2014). Der technische Exzeptionalismus ist dieser Annahme zufolge deshalb eine lohnende Investition, weil er, wie es etwa die Google-Funktionäre Eric Schmidt und Jared Cohen sehen, »untold benefits to the citizens of the future« (2013, S. 35) bringt.

Vor diesem Hintergrund wird »im Grunde unbedarfte[n] Maschinen [...] eine Autorität eingeräumt [...], die weit über ihre Kompetenz hinausgeht« (Dennett 2017, S. 127), den Menschen jedoch zuvor abgesprochen wurde. Die Richter, Polizisten, Bankangestellten und Mitglieder von Auswahlkomitees in den angeführten Beispielen müssen kein Denk-, Einfühlungs- und Urteilsvermögen mehr in ihre Entscheidungen einbringen. Ihre Aufgabe wird darauf reduziert, Programmierbefehlen zu folgen, die von Entscheidern aus Politik und Wirtschaft als mathematisch-objektiv präsentiert werden und damit praktisch als unhinterfragbar gelten.

Eine brisante ethische Frage ist es, ob ein Mensch moralisch nur dafür verantwortlich ist, das zu erfüllen, »was er für die Pflichten eines gesetzestreuen Bürgers« (Arendt 2011, S. 231) hält. Wenn Menschen sich aber ihrer Autorität so weit berauben lassen, dass sie sich für Entscheidungen über das Schicksal anderer Menschen nur noch Maschinen statt ihres eigenen Verstandes bedienen, wird die Aufklärung nicht der Ausgang, sondern lediglich ein kurzer Ausflug des Menschen aus seiner selbstverschuldeten Unmündigkeit (vgl. Kant 1784) gewesen sein.

5.2 Überwachungskapitalismus und das Ende der Demokratie

Ein häufig anzutreffender Denkfehler ist es, die Menschheit als Schicksalsgemeinschaft anzusehen, die den digitalen Wandel gemeinsam gestaltet, und deshalb anzunehmen, die Chancen und Gefahren der Digitalisierung seien gleich verteilt (vgl. Kap. 3.2 u. 5.1). Von der KI-Forschung profitieren nämlich überwiegend Konzerne des Digitalsektors, die die Chancen und Logik des digitalen Kapitalismus rechtzeitig erkannt und verstanden haben (vgl. Castells 2009, 2017a-c[105]; Schiller 1999, 2014; Staab 2019; Weizenbaum 2001; Zuboff 1988, 2019; Zuboff/Maxmin 2004).

Der Begriff des digitalen Kapitalismus wurde von dem Technikhistoriker Dan Schiller geprägt und u.a. von dem Soziologen Philipp Staab aufgegriffen (vgl. Schiller 1999, 2014; Staab 2019).

Letzterer sieht es als Kern des digitalen Kapitalismus an, dass sich angesichts der im Digitalen vorherrschenden Unknappheit »proprietäre Märkte« (2019, S. 222) herausbilden, d.h., Ziel des digitalen Kapitalismus sei das Eigentum an den Märkten selbst (und damit verbunden die vollständige Kontrolle über diese).

In eine ähnliche Richtung argumentiert Shoshana Zuboff, deren umfangreiche Studie zum Überwachungskapitalismus (ÜK) jedoch vor allem das Ziel hat aufzuzeigen, wie und warum genau Menschen überwacht, manipuliert und kontrolliert werden, und die sozialen Konsequenzen dieser Entwicklung vor Augen zu führen. Unter ÜK versteht sie eine neue Wirtschaftsordnung (*economic order*), die menschliche Erfahrungen als Rohmaterial für die intransparenten kommerziellen Praktiken der Extraktion von Daten, die Erstellung von auf diesen Daten basierenden Vorhersagen und den Verkauf ebendieser Vorhersagen ansieht (vgl. 2015; 2019). Insbesondere ML/NN kommt im Zusammenspiel mit Big Data eine tragende Rolle zu, wie u.a. Googles Chefökonom Hal Varian (2010; 2014) beschreibt.[106] Dieses Phänomen bezeichnet Zuboff als die Entdeckung des »Verhaltensmehrwerts« (*behavorial surplus*, vgl. 2019, S. 63–67), die zur Etablierung eines profitablen Marktes führte, der den Ausgangspunkt sowohl von Googles Erfolg (vgl. Levy 2011) als auch des ÜK markiere.

Das angebotene Produkt ist eine möglichst präzise Vorhersage menschlichen Verhaltens. Googles Kunden sind dabei nicht die Nutzer der Suchmaschine (oder anderer Services), sondern Unternehmen, Organisationen und Parteien, die für diese Verhaltensvorhersagen bezahlen. Die Daten (bzw. die menschlichen Erfahrungen, auf denen sie basieren) sind der wichtigste Rohstoff, KI ist das wichtigste Produktionsmittel im ÜK (vgl. Zuboff 2019, S. 95–96). KI ist in diesem Zusammenhang ein Sammelbegriff für die verschiedenen Techniken der Softwareentwicklung (vgl. Kap.

1.2), wobei der Schwerpunkt auf ML/NN und NLP liegt, aber u.a. auch Maschinelles Sehen zunehmend wichtiger wird.

Dieses Geschäftsmodell ist vor allem profitabel, weil Menschen den Rohstoff bereitwillig liefern, zumeist ohne sich seines Wertes bewusst zu sein. Die Gegenleistung, die Google seinen Nutzern bietet, ist u.a. das Angebot einer (sehr guten) Suchmaschine. Diese sammelt, kategorisiert, filtert und priorisiert kostenlos verfügbare Informationen aus dem gesamten Internet und bereitet sie für die Nutzer auf.

Gleichzeitig hat Google mit Ads (ehemals AdWords) und AdSense einander ergänzende Dienste zur effizienten Schaltung von Werbeanzeigen etabliert, um Verhaltensvorhersagen profitabel zu vermarkten. Beispielsweise extrahiert Google aus den Daten, die von einer Nutzerin gesammelt werden, die Information, dass diese gegenwärtig mit dem Gedanken spielt, ein neues Auto zu kaufen.[107] Mit den unverarbeiteten Rohdaten (also der Summe aller ihrer Suchanfragen etc.) könnte ein Autohändler normalerweise wenig anfangen. Einen Autohändler interessiert aber die extrahierte Information, nämlich dass eine bestimmte Person bald ein neues Auto kaufen wird, um zielgerichtet werben zu können (= *targeted advertising*). Diese Information erhält der Autohändler zumeist nur indirekt durch GoogleAds, d.h. indem er dafür bezahlt, dass die Verhaltensvorhersagen in erfolgreiche Klicks umgewandelt werden: Der Autohändler bezahlt also dafür, dass möglichst viele *true positives* (also Personen, die gerade ein Auto kaufen wollen) auf seine Website finden.

Dieses Geschäftsmodell führt zu erfolgreicherer Werbung, aber wird auf den ersten Blick kaum die Demokratie bedrohen. Google hat sich jedoch u.a. durch geschickte Übernahme- und Expansionspolitik, das Ausnutzen von Regulierungslücken und immense Lobby- und Öffentlichkeitsarbeit ein quasi-weltweites Monopol auf einen unendlich verfügbaren Rohstoff erarbeitet (vgl. Zuboff 2019, S. 124–194), der politisch und gesellschaftlich relevant ist. Der Konzern extrahiert und analysiert nicht nur Daten aus Suchanfragen, E-Mails, Kalendereinträgen und Dokumenten seiner Nutzer, sondern Dienste wie Analytics, AdSense, Maps, YouTube und reCAPTCHA[108] umspannen das gesamte Internet. Hinzu kommen u.a. Smartphone-Apps und Google Home, die die Firma mit Daten aus der Offlinewelt versorgen (u.a. soziales Umfeld sowie Bewegungs- und Gesundheitsprofile). Durch die Verknüpfung aller Datenquellen lassen sich detaillierte Persönlichkeitsprofile erstellen.

Im Beispiel des Autokaufs geht es nicht nur um die Vorhersage, dass jemand ein neues Auto kaufen will. Vielmehr berechnet die KI z.B., dass eine Person mit 39,8-prozentiger Wahrscheinlichkeit einen beigegrauen Kleinwagen einer bestimmten Marke kaufen wird, falls sie am Tag ihres Gehaltseingangs ein Video ihrer Lieblingsband sieht, im Anschluss ein auf sie abgestimmtes Werbevideo angezeigt wird und sie außerdem eine personalisierte E-Mail erhält, die ein auf ihr Monatsgehalt abgestimmtes Finanzierungsangebot unterbreitet. Zumindest deutet dieses Beispiel an, was sich der ÜK von KI zukünftig erhofft.

Bei Verhaltensvorhersagen geht es also darum, erstens menschliches Verhalten mathematisch zu berechnen und zweitens die Variablen dieser Berechnung so zu verändern, dass es in die gewünschte Richtung gelenkt wird. Auf Basis von KI wird auf diese Weise eine Zielgruppe identifiziert, die zur Bewerbung eines bestimmten Produkts überhaupt infrage kommt, um anschließend zu berechnen, wie Personen innerhalb dieser Zielgruppe angesprochen werden müssen, damit die entsprechende Werbung die größte Erfolgsaussicht hat. Diese zumeist auf einfachen Typisierungen basierenden Verhaltensvorhersagen müssen nicht perfekt sein. ML/NN ist immer ein Kompromiss zwischen Aufwand (Rechenzeit, Ressourcen, Umfang und Qualität des Datenmaterials) und Qualität der Berechnung (vgl. Kap. 1.3). *Targeted Advertising* kann auch erfolgreich sein, wenn die Zielgruppe mehr *false positives* als *true positives* enthält. Die Abschlussquote von 39,8 Prozent aus diesem Beispiel wäre für viele Autohändler ein Traum.

Dies ist ein wesentlicher Unterschied zu den in Kap. 5.1 beschriebenen Vorhersagealgorithmen: Zu den *false positives* einer Werbekampagne zu gehören ist nicht schlimm. Zu den *false positives* eines Algorithmus zu zählen, der Terrorverdächtige in Videoaufnahmen identifizieren soll, »can destroy your life and the lives of everyone you love« (Doctorow 2020). Aber auch zielgerichtete Werbung wirft die medienethische Frage auf, ob, unter welchen Umständen und bis zu welchem Grad diese Form der Manipulation moralisch erlaubt sein kann (vgl. Liesem/Rademacher 2018). Zur Gefahr für die Demokratie wird diese Werbeform, wenn sie zur Manipulation von Wahlen eingesetzt wird. Die Affäre um Cambridge Analytica und die anschließende Debatte um Fake News hat dies einer breiten Öffentlichkeit vor Augen geführt (vgl. Kaiser 2020; Wylie 2019).

Basierend auf Persönlichkeitsprofilen lässt sich nicht nur hinreichend genau vorhersagen, wer mit welcher Wahrscheinlichkeit welche Partei wählen wird, sondern auch, welche Argumente eine bestimmte Person dazu bringen, sich anders zu entscheiden (oder gar nicht wählen zu gehen). Selbstverständlich genügen vereinzelte Werbeanzeigen im Internet dafür kaum. Dass Wählern aber kontinuierlich und strategisch auf sie zugeschnittene tendenziöse Artikel (oder Fake News[109]) präsentiert werden können, kann selbst noch so fest wirkende politische Überzeugungen manipulationsanfällig machen (vgl. Zuboff 2019, S. 292–327).

Der ÜK ist laut Zuboff aber vor allem deshalb eine Bedrohung für Gesellschaft und Demokratie, weil er viel mehr als ein Geschäftsmodell des Digitalsektors ist. Zuboff beschreibt ihn als neuartige, ›parasitäre‹ und selbstreferenzielle Wirtschaftsform. Der ÜK geht über traditionelle Grenzen des Kapitalismus weit hinaus, insofern er nicht nur die menschliche Arbeitskraft, sondern kontinuierlich »every aspect of every human's experience« (Zuboff 2019, S. 9) ausbeutet. Gleichzeitig verhindert der ÜK die Innovation von Geschäftsmodellen, die keinen Gebrauch von der Extraktion und Analyse von Daten machen, da diese im Kontext des ÜK schlicht unwirtschaftlich sind.

Das oben beschriebene Prinzip des Verhaltensmehrwerts[110] hat sich u.a. aufgrund von Smartphones und durch das Internet der Dinge (*Internet of Things*) in die Realität ausgedehnt. Fast jeder Wirtschaftssektor arbeitet gegenwärtig daran, über das eigentliche Geschäft hinaus an der Extraktion und der Analyse von Daten mitzuverdienen. Zuboff spricht von einem Vorhersageimperativ (*predictive imperative*, S. 197–231), der in der Logik des ÜK verankert ist. Wie eine Lawine überrollt dieser, ausgehend von der Onlinewelt, die physikalische Welt, das Privatleben, Körper und Selbst und könnte menschliches Verhalten schließlich fast vollständig vorhersagen, d.h. berechnen und manipulieren.

Vor diesem Hintergrund fordert Zuboff ein »Recht auf die Zukunftsform« (*right to the future tense*, vgl. 2019, S. 328–347). Darunter versteht sie, dass Menschen auch weiterhin in der Lage sein müssen, freie und selbstbestimmte Entscheidungen über ihre Zukunft zu treffen. Menschliche Willensfreiheit bezeichnet sie als »existential bone structure that carries the moral flesh« (2019, S. 330). Sie begründet dies vor allem mit einem Verweis auf Searle, der Willensfreiheit als rätselhafte, aber im menschlichen Handeln immer vorausgesetzte Lücke zwischen Gründen für eine Handlung und ihrem Vollzug versteht (vgl. 2010, S. 133). Der ÜK bedroht eine selbstbestimmte Gestaltung dieser jedem Menschen zustehenden Zukunftsform so lange, wie staatliche Institutionen nicht willens bzw. in der Lage sind, den Handel mit Verhaltensvorhersagen konsequent zu unterbinden (vgl. Kap. 5.3). Ferner warnt Zuboff davor, sich dem gesellschaftlich-technologischen Determinismus zu ergeben, den der ÜK der Gesellschaft suggeriert (vgl. 2019, S. 475–492; Kap. 4.5).

Ein zentraler Aspekt von Zuboffs Überlegungen ist es, dass KI und Big Data (bzw. Computertechnik im weitesten Sinne) nicht mit dem ÜK verwechselt werden dürfen. Ihr zufolge gilt es den Puppenspieler und nicht die Puppe zu jagen (vgl. 2019, S. 14). Der ÜK ist nicht ohne Computertechnik denkbar, was Zuboff zufolge jedoch nicht bedeutet, dass KI und Big Data notwendig in den ÜK führen. Damit vertritt auch Zuboff implizit eine Neutralitätsthese der Technik (vgl. Kap. 4.3). Ein großer Teil gegenwärtiger KI wird allerdings zu dem Zweck entwickelt, Produktionsmittel im ÜK zu sein. Beispielsweise hat sich die internationale Spitzenforschung im Bereich KI (insbesondere zu ML/NN und NLP) zunehmend in die Forschungslabore von Google, Facebook und anderen Konzernen (vgl. Gibney 2016; Stöcker 2018; Zuboff 2019, S. 175–194) verlagert. Deren Forschungsergebnisse sind für die Wissenschaftsgemeinschaft nicht oder nur sehr selektiv zugänglich (vgl. Zuboff 2019, S. 175–194).

Eine grundlegende Kritik an Zuboffs Darstellung des ÜK hat Cory Doctorow vorgebracht. Er wirft Zuboff vor, den technischen Exzeptionalismus (vgl. Kap. 5.1) in ihrer Kritik am ÜK zu affirmieren, statt ihn zu entlarven:

> »Überwachungskapitalisten sind wie Bühnenmagier, die behaupten, dass sie aufgrund ihrer außergewöhnlichen Einsichten in menschliches Verhalten erraten können, welches Wort Sie auf ein Blatt Papier geschrieben [...] haben, die in Wirklichkeit aber Lockvögel, versteckte Kameras, Taschenspielertricks, und Brute-force memorization benutzen, um Sie zu unterhalten.« (Doctorow 2020, übers. von S.R.)

Wie Zuboff den Nimbus des Magischen am ÜK noch in der Kritik zu erhöhen führt Doctorow zufolge zur Stärkung statt zur Schwächung von Big Tech. Stattdessen gelte es, die Fehlbarkeit und Unmöglichkeit von Verhaltensvorhersagen aufzuzeigen. Neben einigen Beispielen argumentiert Doctorow überzeugend, dass KI-basierte Vorhersagen häufig deshalb zutreffen, weil Menschen die Erwartung an KI herantragen, dass die Vorhersagen zutreffen. Das Ranking von Suchergebnissen spiegelt etwa genau deshalb deren faktische Relevanz wider, weil das Ranking die Faktizität kreiert und es aufgrund von Googles Monopolstellung keine nennenswerten Alternativen gibt, die diese Ergebnisse infrage stellen könnten. Der Trick des Magiers ist es hier, das Papier selbst zu beschriften und zu hoffen, dass das Publikum dies in magischer Ehrfurcht vergisst.

Befürworter wie Kritiker des ÜK hätten Manager aber in dem Glauben bestärkt, dass man »sorcerous acts of mind control« (ebd.) vollziehen kann, wenn man nur genügend Daten sammelt:

> »Selbst wenn man niemals herausfindet, wie man aus diesen Daten Profit schlägt, wird irgendwann jemand ein Kaufangebot unterbreiten, um es selbst einmal zu versuchen.« (ebd., übers. von S.R.)

Dies sei jedoch das Markenzeichen einer ökonomischen Blase: Jemand investiert in eine Sache unter der Annahme, dass jemand sie für einen höheren Preis abkaufen wird, und dies ebenfalls unter der Annahme, dass jemand sie für einen noch höheren Preis abkaufen wird etc.

Die von KI ausgehende gesellschaftliche Gefahr sieht Doctorow durchaus in der Überwachung und Manipulation von Menschen, führt diese aber nicht auf die Möglichkeiten und Besonderheiten von Digitaltechnik zurück, sondern auf die politische Unfähigkeit, vernünftige Gesetze für diese Branche zu schaffen und bestehende Kartellgesetze gegen mächtige Konzerne durchzusetzen. Erst dadurch haben sich die Mono- und Oligopole der Gegenwart etabliert, in denen »eine sehr kleine Zahl sehr großer Unternehmen den Zugang zu Gütern, Dienstleistungen und Infrastruktur« (Staab 2019, S. 20) kontrolliert.

Wenn KI also die Demokratie gefährdet, dann vor allem, weil demokratische Kontrollmechanismen versagt haben, als sich die spezifische Wertschöpfung der Digitalbranche zu einer alles beanspruchenden Form des Kapitalismus entwickelt hat. Vor diesem Hintergrund diskutiere ich im nächsten Kapitel, warum Regulierung wichtig ist und welche Grenzen von Regulierbarkeit KI der Gesellschaft aufzeigt.

5.3 Regulierung und Regulierbarkeit

Lawrence Lessig beschreibt aus rechtswissenschaftlicher Perspektive vier Regulatoren für menschliches und institutionelles Verhalten: Gesetze, Normen, den Markt und die Architektur.[111] Programmiercode ist für Lessig das digitale Äquivalent zur Architektur (vgl. 2006, S. 120–137). In einem Rechtsstaat ist der Ausgangspunkt aller Regulierung das Recht. Es reguliert den Markt, die Architektur und nimmt Einfluss auf gesellschaftliche Normen:

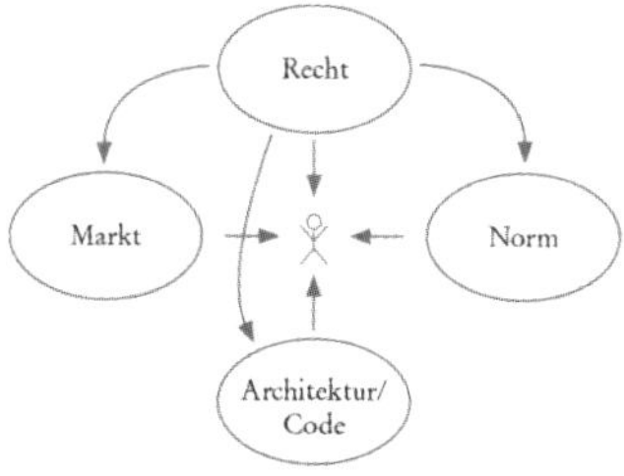

Abb. 4: Regulatoren im Rechtsstaat nach Lessig 2006, S. 120–137

Eine demokratische Gesellschaft kann Einfluss auf ihre Regulatoren nehmen, u.a. durch Wahlen, Demonstrationen und Konsumverhalten. Das von Lessig aufgezeigte Paradox ist, dass es keine Gesellschaft ohne Regulierung geben kann. Markt, Architektur und Norm entstehen in den Lücken, die das Recht ihnen lässt. Wenn das Recht aber nicht existiert, übernehmen zwangsläufig die anderen drei Regulatoren seinen Platz. Im Digitalen ist die Entsprechung für Architektur der Programmiercode, dessen regulierende Kraft Lessig mit dem Schlagwort »Code is Law« (2006, S. 1) ausdrückt. Interessant ist hier Joseph Weizenbaums Definition eines Programmierers als »Schöpfer von Universen, deren alleiniger Gesetzgeber er selbst ist« (1978, S. 160). Da große Softwareprojekte kaum noch von einzelnen Programmierern geschrieben werden, werden diejenigen, die die Programmierer beauftragen, zum Gesetzgeber: »Wer die KI bezahlt, darf auch bestimmen.« (Anderson 2017, S. 248)

Lessig veranschaulicht seine These u.a. am Internet der 1990er Jahre, das vom Wunsch nach negativer Freiheit (d.h. der Freiheit von Zwängen) geprägt war – die Akteure wollten frei von staatlicher Kontrolle sein (vgl. 2006, S. 1–8).[112] Diese negative Freiheit hat jedoch zur kontinuierlichen Machtkonzentration geführt, sodass das westliche Internet von fünf Konzernen kontrolliert wird, den sogenannten Big Five Google, Facebook, Amazon, Apple und Microsoft (vgl. Lessig 2006; Staab 2019; Zuboff 2019).[113]

Wenn Google z.B. seinen Suchalgorithmus minimal modifiziert, reguliert dies (gewollt oder ungewollt), welche Informationen Milliarden Menschen weltweit finden, da die wenigsten Menschen mehr als die ersten zehn Suchergebnisse überhaupt wahrnehmen.[114] Dies betrifft auch, welche Händler gefunden werden, d.h. den Markt. Seit den 1990er Jahren wird Suchmaschinenoptimierung betrieben, und die Inhalte von Websites werden gezielt auf Googles Algorithmus ausgerichtet. Dadurch prägt Google maßgeblich die Norm, nach der u.a. journalistische Texte im Internet verfasst werden, d.h. Google reguliert, welche Nachrichten wie geschrieben werden.

Darüber hinaus unterschätzt die verbreitete Annahme, die Welt sei durch das Internet demokratischer geworden, zum Beispiel, dass automatisierter Börsenhandel die Weltwirtschaft innerhalb weniger Sekunden destabilisieren kann (vgl. Weizenbaum 2001, S. 24[115]; Dennett 2017, S. 126–127; Schiller 1999, 2014; Staab 2019, S. 74–149). Die (zunehmend über ML/NN berechneten) Algorithmen, auf denen der Hochfrequenzhandel basiert, verleihen den Konzernen, die diese kontrollieren, eine so große wirtschaftliche und politische Macht, dass staatliche Regulierung keine ernsthafte Bedrohung mehr für sie darstellt.

Code hat in den letzten Jahren nicht nur Märkte und gesellschaftliche Normen bestimmt, sondern vor dem Hintergrund des technischen Exzeptionalismus (vgl. Kap. 5.1) Gesetzgebung und Rechtsprechung maßgeblich beeinflusst. Lessig kritisiert gegenwärtige[116] Regierungen scharf dafür, im Interesse des Digitalsektors u.a. durch Hacker- und Copyright-Gesetzgebung den Kern dessen, was ein kreatives und demokratisches Internet ausmacht, kriminalisiert zu haben (vgl. 2006, S. 8). KI bedroht damit weniger die Demokratie als den Rechtsstaat. Dieser ist jedoch unerlässlich, um Freiheit zu schützen.

Die gegenwärtige Rechtswissenschaft fasst die Diskussion, wie KI den Prozess der Gesetzgebung, Rechtsprechung und Rechtsauslegung verändert, unter dem Oberbegriff *Legal Tech* zusammen, der »any algorithm-based technology in legal matters – private and public use included« (Buchholtz 2020, S. 176) umfasst. Darüber hinaus eröffnet *Legal Tech* gegenwärtig konkrete Geschäftsmodelle, die juristische Praxis und Rechtsstaat vor diverse Herausforderungen stellen (vgl. Wagner 2020).[117]

›Regulierung der KI‹ ist damit sowohl Genitivus subiectivus als auch Genitivus obiectivus: Bevor man darüber nachdenkt, wie KI reguliert werden kann, gilt es sich bewusst zu machen, dass nicht nur Menschen, sondern auch Märkte, Normen und der Rechtsstaat durch KI reguliert werden. Jedoch ergibt sich aus der ersten Frage die Antwort auf die zweite: Markt, das Recht, Normen und Code kommen als mögliche Regulatoren für KI infrage, und zwar in dieser Reihenfolge aufsteigend sortiert von aussichtslos bis unerlässlich.[118]

Markt: Die Marktdominanz der Big Five, verbunden mit deren Expansionsstrategie (u.a. Übernahme von Mitbewerbern, bevor diese ernst zu nehmende Mitbewerber werden können), macht es unmöglich, deren KI durch die Kraft des Marktes zu regulieren: »*Sie sind diese Märkte* – und dies in einem sehr umfassenden Sinn.« (Staab 2019, S. 30, Hervorh. im Orig.) Diese Marktmacht wird zumeist durch Netzwerkeffekte oder gegen Null gehende Grenzkosten digitaler Güter erklärt (vgl. Staab 2019, S. 21; Shapiro/Varian 1999; Rifkin 2014), wobei die Umgehung von Kartellgesetzen und massive Investitionen durch die öffentliche Hand diese Monopolisierung unterstützt haben (vgl. Doctorow 2020; Staab 2019; Zuboff 2019; Kap. 5.1). Selbst wenn Mitbewerber konkurrierende Suchmaschinen oder Social Media etablieren könnten, wären diese ohne ein vergleichbares Geschäftsmodell und eine ähnliche Expansionsstrategie wirtschaftlich kaum überlebensfähig (vgl. Zuboff 2019; Kap. 5.2). Die regulierende Kraft des Marktes würde dann auch keine wesentlichen Änderungen bringen. Eine Ausnahme ist die zunehmende Bedeutung eines »digitale[n] Kapitalismus chinesischer Prägung« (Staab 2019, S. 296, vgl. Kap. 5.1), der jedoch kaum ein erstrebenswertes Ziel einer freien Gesellschaft darstellt.

Derweil betrifft die Monopolisierung auch andere Anwendungsgebiete von KI, etwa den Bereich der Militär- und Überwachungstechnik, wo u.a. »Amazon und Microsoft um lukrative Aufträge des Pentagons und der CIA« (Staab 2019, S. 64) wettbieten. Der amerikanische Militärkeynesianismus (also massive Staatsinvestitionen in privatwirtschaftliche KI-Forschung zu militärischen Zwecken) führt in eine Symbiose von Staat und Digitalwirtschaft (vgl. Doctorow 2020), die auch die regulierende Kraft des Rechts auf KI erheblich schwächt.

Recht: Die Debatte um die Regulierung von KI geht zumeist vom Recht aus (vgl. Wischmeyer/Rademacher 2020). Auch die in Kap. 5.1 diskutierten Ethikrichtlinien sind entweder freiwillige Selbstverpflichtungen einzelner Unternehmen bzw. Verbände und/oder appellieren direkt an den Gesetzgeber. Aufgrund der zunehmenden Abhängigkeit des Staates, der Industrie und aller Bürger von den Big Five ist die regulierende Kraft des Rechtsstaates jedoch begrenzt. Wiederholt verhängte Milliardenstrafen der EU wegen Missbrauchs der Marktmacht (z.B. gegen Google 2019) sind zwar nicht ohne Einfluss, haben aber lediglich symbolische Wirkung, solange die Big Five die digitale Infrastruktur der EU kontrollieren. Rechtsstaatliche Regulierung steht aber noch vor weiteren Hürden (vgl. Lessig 2006, S. 319–323; Hoffmann-Riem 2020, S. 14–18). Sie ist auf Nationalstaaten (oder die EU als supranationalen Zusammenschluss) begrenzt, was den Wirkungsrahmen europäischer Gesetzgebung und Rechtsprechung auf die weltweit operierenden Konzerne deutlich einschränkt. Zweitens ist rechtsstaatliche Regulierung langsam. Dies betrifft nicht nur die demokratische Gesetzgebung, sondern auch die Rechtsprechung. Juristische Verfahren zur wettbewerbsrechtlichen Sanktionierung ziehen sich oft so lange hin, dass Missbrauch der Marktmacht über weitere Jahre fortgesetzt werden kann und die betreffende Technik längst überholt ist (vgl. Doctorow 2020). Eine gewisse Dynamik und auch globale Symbolwirkung hat die Frage der rechtlichen Regulierung von KI durch den sogenannten »AI Act« der Europäischen Union entfaltet. Dieser wurde im Mai 2024 endgültig verabschiedet und schreibt Unternehmen vor, ihre KI-Anwendungen nach Risikoklassen zu kategorisieren und der jeweiligen Klasse entsprechende Informations- und Transparenzpflichten nachzukommen. Anwendungen mit »inakzeptablem Risiko«, etwa das Social Scoring (siehe Kap. 5.1), werden aufgrund des AI Acts in Europa grundsätzlich verboten sein. Bereits 2022 wurden der Digital Markets Act und der Digital Services Act beschlossen, mit denen die Betreiber von großen Plattformen stärker in die Verantwortung genommen werden sollen.

Normen: Lessig versteht unter der von sozialen Normen ausgehenden Regulierung »the many slight and sometimes forceful sanctions that members of a community impose on each other« (2006, S. 340). Es gibt zahlreiche Beispiele dafür, welche sozialen Normen KI gegenwärtig herausfordert und verändert (vgl. Kap. 3.3, 4.3 u. 5.1). Selbstverständlich haben etwa Miet- oder Kreditinteressenten jedes Recht, keine algorithmenbasierte Bonitätsauskunft vorzulegen, aber eine Wohnungs- oder Kreditzusage werden sie ohne diese nur schwer bekommen. Sich dieser (und vieler anderer) Normen bewusst zu werden ist jedoch unabdingbar, um den vorherrschenden gesellschaftlichen Determinismus zu überwinden. Lessig beschreibt den Irrglauben, dass die soziale Wirklichkeit notwendig so sein müsse, wie sie ist, treffend als »Ist-Ismus« (Is-Ism, vgl. 2006, S. 31–37).

Bemerkenswerterweise steht das Weltbild vieler Digital-Entrepreneure, das sich etwa im ehemaligen Facebook-Motto »Move fast and break things« oder dem auf Grace Hopper zurückgehenden »Don't ask permission. Ask forgiveness« ausdrückt[119], diesem Ist-Ismus genau entgegen. Es wäre jedoch ein Fehler, diese manchmal naiv wirkende »Silicon-Valley-Ideologie« (Nida-Rümelin/Weidenfeld 2018, S. 21) zu unterschätzen oder sie lediglich als missverstandenes »ökonomisches Heroentum« (Staab 2019, S. 24) abzutun. Tatsächlich glauben viele Menschen in der Digitalbranche, insbesondere in der Start-up-Szene, aufrichtig daran, die Welt mit digitalen Produkten zu verbessern, und der Pioniergeist sowie der Gestaltungswille, aber auch das verbreitete Mäzenatentum und das soziale Engagement sind durchaus inspirierend. Dies trifft – bei aller erwähnten Kritik – teilweise auch für die Big Five zu.

Dabei ist es natürlich zutiefst undemokratisch, wenn einzelne Unternehmen darüber entscheiden, was die Welt besser macht, und dafür mit all jenen Normen brechen, die ihrer Ansicht nach Innovation verhindern. Vielmehr ist es eine gesamtgesellschaftliche Aufgabe, mit jenen Normen zu brechen, die falsch, unmoralisch oder gar menschenverachtend sind, und moralische Normen zu bewahren. Dies gilt insbesondere im Hinblick auf KI, wenngleich es angesichts des trügerischen Komforts des Ist-Ismus und der vorherrschenden Scheu vor digitaler Technik unwahrscheinlich ist, dass die Gesellschaft sich dieser Aufgabe bald stellen wird. Aus einer individuellen Perspektive ist es genauso wenig hilfreich, sich der technischen Entwicklung zu verweigern, wie diese »undifferenziert [zu] bejubel[n]« (Weizenbaum 2001, S. 34). Stattdessen sollte man »die Verhältnisse kritisch betrachte[n] und unter Umständen auch ›Nein‹ sagen« (ebd.), wobei es in der Verantwortung jedes Individuums liegt, diese Umstände für sich genau zu definieren.

Code: Lessig widmet sein Buch der Wikipedia[120], da diese als einzige einflussreiche digitale Institution erfolgreich »by the rule of the people« (2006, S. 285) kontrolliert wird. Diese Einsicht von 2006 hat nicht an Aktualität verloren und zeigt die einzige Richtung auf, wie KI demokratisch reguliert werden kann. Anspruch einer freien Gesellschaft muss die Hoheit über den Programmiercode sein, d.h. die wesentliche digitale Infrastruktur, durch die der Digitalsektor gegenwärtig seine regulierende Kraft über Märkte, Normen und Recht ausübt, um darauf basierend gemeinschaftlich über die Rahmenbedingungen der Nutzung dieser digitalen Infrastruktur zu entscheiden.

Wie wichtig diese digitale Souveränität ist, zeigt ausgerechnet die totalitäre Digitalstrategie der chinesischen Regierung, die insbesondere im Hinblick auf KI erkannt hat, dass es einer von amerikanischen Unternehmen unabhängigen Infrastruktur bedarf, um die Digitalisierung überhaupt selbst gestalten zu können (vgl. Ding 2018; Lee 2018; Schneider 2018). In der gegenwärtigen politischen Diskussion in Deutschland und Europa ist digitale Souveränität zwar regelmäßig Thema, doch die Unschärfe dieses Konzepts »verhinder[t] eine kohärente Strategie, wie individuelle, ökonomische und staatliche Selbstbestimmung im digitalen Zeitalter bewahrt werden kann« (Pohle 2020, S. 1).

Gleichzeitig fehlt dieser Diskussion häufig der Anspruch auf echte demokratische Kontrollmöglichkeiten über den Code und die zugehörige Hardware. Für Lessig gehen diese unbedingt mit freier und offener Software (Open Source) einher (vgl. von Leitner 2020[121]). Darüber hinaus sind Prinzipien wie u.a. Datensparsamkeit und Netzneutralität wesentlich, um Innovationen im Interesse von Menschen und nicht von marktdominierenden Unternehmen zu ermöglichen.[122]

Es ist letztlich essenziell für jeden Rechtsstaat, sich Chinas Ziel einer unabhängigen Digitalinfrastruktur zum Vorbild zu nehmen, um KI überhaupt regulieren zu können. Gleichzeitig ist es essenziell für jede demokratische Gesellschaft, dass digitale Infrastruktur anders als in China und im digitalen Kapitalismus nicht zur Überwachung, Kontrolle und Unterdrückung von Menschen missbraucht wird – und ihre Architektur möglichst so zu gestalten, dass sie dafür gar nicht erst missbraucht werden kann.

5.4 Bildung und Wissenschaft

Mit der Beschränkung auf Markt, Normen, Recht und Code fehlt in Lessigs Darstellung ein wichtiger Regulator, wenn nicht sogar der wichtigste in Bezug auf KI: Bildung.[123] Bildung ist auch ein zentraler Aspekt in Julian Nida-Rümelins und Nathalie Weidenfelds Skizze eines Digitalen Humanismus, den sie als »eine Ethik für das Zeitalter der Künstlichen Intelligenz« (2018, S. 22) verstehen, die »technik-, aber auch menschenfreundlich« (2018, S. 15) ist und zwischen Technik und Mensch vermitteln will. Wenngleich ich mich in vielen Punkten ihren konkreten Forderungen anschließe, möchte ich zunächst einige mögliche Missverständnisse aufklären.

Erstens bedarf es nämlich keiner Ethik für das Zeitalter der KI, sondern es bedarf weiterhin einer Ethik für Menschen. Digitalen Humanismus verstehe ich daher nicht als neue oder besondere Form des Humanismus, sondern als Forderung, sich angesichts der Digitalisierung auf seine Tradition zurückzubesinnen. Deutlich benannt wird sie u.a. im von Informatikern der TU Wien initiierten »Wiener Manifest für Digitalen Humanismus« (2019). Zweitens bedarf es keiner Vermittlung zwischen Mensch und Technik, sondern einer Vermittlung zwischen Mensch und Mensch, d.h. zwischen denjenigen, die den gegenwärtigen technischen Fortschritt gestalten, und denjenigen, deren Leben von diesem Fortschritt gestaltet wird. Drittens bedarf es, will man sich ernsthaft der »Silicon-Valley-Ideologie« (Nida-Rümelin/Weidenfeld 2018, S. 20) entgegenstellen, nicht der Ausrufung eines neuen Zeitalters, sondern philosophischer Sachlichkeit.

Wesentlich für den Humanismus ist es, den Menschen als vielschichtiges Wesen zu achten und es ihm durch Bildung zu ermöglichen, seinen Charakter frei zu entfalten und die Gesellschaft zu gestalten. Ich verstehe humanistische Bildung darüber hinaus als Regulator von KI, insofern sie vor dem verbreiteten Irrglauben eines gesellschaftlich-technologischen Determinismus bewahrt und es Menschen ermöglicht, die scheinbare Magie von KI zu entzaubern. Aus diesem Grund rücke ich von den Bildungszielen des Digitalen Humanismus[124] vor allem technische Kenntnisse (Fachwissen) und die Urteilskraft ins Zentrum meiner abschließenden Überlegungen.

In der englischsprachigen Bildungsdebatte ist *technoliteracy* (engl. *literacy* – »Alphabetisierung«, vgl. Pullen/Gitsaki/Baguley 2010) ein zunehmend wichtiger Begriff, der dem Verständnis von Computertechnik denselben Stellenwert einräumt wie Schreib- und Lesefähigkeiten. Dieser Diskussion folgend muss es das Ziel sein, Menschen grundlegende Kenntnisse hinsichtlich des Aufbaus und der Funktionsweise von Computern zu vermitteln, um ihnen Teilhabe am digitalen Wandel zu ermöglichen. Darunter verstehe ich – genau wie Nida-Rümelin und Weidenfeld – *nicht*, »[n]eue Lern-Apps, virtuelle Bibliotheken oder VR-Brillen [...] verstärkt in Klassenzimmern, Hörsälen und Betrieben« (2018, S. 151) einzusetzen, was jedoch zahlreiche digitale Bildungsoffensiven derzeit versuchen. Wenngleich diese Mittel vereinzelt sinnvolle Ergänzungen im Unterricht darstellen können, lernen die Nutzer durch ihren Gebrauch vor allem, wie man im digitalen Kapitalismus konsumiert, aber nicht, wie Technik funktioniert. Vielmehr bedarf es einer gezielten Förderung des im gegenwärtigen Bildungssystem vernachlässigten mathematisch-analytischen Denkens und der Vermittlung von physikalischen und elektrotechnischen Grundkenntnissen, damit Menschen Technik nicht nur anzuwenden, sondern auch zu beherrschen lernen. Menschen muss die Angst vor Technik genommen werden, indem Wissenschaft, Medien und Politik deutlich kommunizieren, was KI ist: Mathematik basierend auf elektronischen Schaltungen.

Die auch von der Wissenschaft forcierte Sensationsrhetorik um Trans- und Posthumanismus, Superintelligenz und das bevorstehende Ende der Menschheit, aber auch um starke KI, Maschinenethik und soziale Roboter halte ich angesichts dieser Herausforderung nicht nur für sachlich irreführend, sondern auch für gefährlich. Sie suggeriert nicht nur, dass Menschen nicht mehr seien als diese Technik, sondern entmutigt Menschen gleichzeitig, diese Technik zu gestalten. Vertrauen in die eigene Menschlichkeit ist aber notwendig, wenn Technik der »equal-opportunity enabler« (Schmidt/Cohen 2013, S. 151) sein soll, als den u.a. die Google-Funktionäre Eric Schmidt und Jared Cohen sie gern präsentieren.

Technoliteracy geht mit einem allgemein ausgebildeten kritischen Urteilsvermögen einher. Nida-Rümelin und Weidenfeld begründen dessen Notwendigkeit vor allem damit, dass »Pförtnerfunktionen, wie sie etwa Bibliothekare, Verlagslektoren, Zeitschriften-Reviewer, Zeitungs-, TV- oder Rundfunkredaktionen innehaben« (2018, S. 159), entfallen, d.h. Menschen angesichts der scheinbar unstrukturierten und unendlichen Datenmengen im Internet selbst beurteilen und prüfen müssen, welche Daten sie als zuverlässig ansehen. Berühmt ist Weizenbaums Charakterisierung des Internets als »Müllhaufen mit Perlen darin« (2001, S. 29). Urteilskraft ist gemäß Nida-Rümelin und Weidenfeld die Fähigkeit, diese Perlen zu finden.

Diese Fähigkeit ist sicher ein wichtiger Aspekt, aber Urteilskraft darf sich nicht in individueller Findigkeit erschöpfen. Als viel grundlegender sehe ich die Frage, welchen Institutionen man angesichts der technischen Entwicklung vertrauen kann und können sollte (und welchen nicht). Zwischen Wirklichkeit und Ideal besteht ein wesentlicher Unterschied: Im demokratischen Rechtsstaat muss man staatlichen Institutionen vertrauen können, dass sie Einrichtungen treffen, damit Technik im Interesse der Menschen gestaltet und genutzt werden kann. Wenn Gesetzgebung und Rechtsprechung jedoch dieses Vertrauen nicht rechtfertigen, z.B. indem sie den digitalen Kapitalismus nicht nur gewähren lassen, sondern ihm teils sogar das Feld bereiten und gemeinsam mit ihm an der Enthumanisierung des Menschen arbeiten (vgl. Kap. 5.1 u. 5.3), entsteht ein gefährliches soziales Missverhältnis.

Dieses Vertrauen betrifft die Frage nach Nachrichtenquellen ebenso wie die Frage, welche persönlichen Daten man welchen Institutionen und Unternehmen für welchen Zweck anvertrauen sollte und welchen Anwendungen von KI man wirklich zutrauen sollte, den eigenen Alltag zu bereichern (und dies für sich persönlich mit den Risiken abwägen zu können, die durch jede Möglichkeit der Extraktion und Analyse persönlicher Daten entstehen).[125]

Vor allem bedeutet kritische Urteilskraft im Hinblick auf KI aber, Argumente, Positionen und Thesen selbst beurteilen zu können, um sich weder von Paranoia beirren noch von interessegeleitetem Utopismus vereinnahmen zu lassen. Nicht minder wichtig ist dabei moralische Urteilsfähigkeit, sowohl im Hinblick auf die eigenen Handlungen und Entscheidungen als auch mit Blick auf die Handlungen und Entscheidungen anderer.

Aus dem Umfeld der Philosophie sind in diesem Zusammenhang häufig Forderungen nach Ethikpflichtkursen im Schul- und Hochschulunterricht zu hören, insbesondere in der Informatik- und Ingenieursausbildung (u.a. bei Loh 2019a, S. 205–210; Mainzer 2019, S. 277-278). Persönlich halte ich diese nicht für zielführend. Diese Kurse vermitteln zumeist ein Fachwissen über ethische Positionen und Theorien, während Moral sich kaum lehren lässt – schon gar nicht verpflichtend.[126] Im Hochschulbereich sehe ich das Konzept der in den USA verbreiteten *Liberal Arts Studies* als deutlich sinnvollere Ergänzung technischer Studiengänge.[127] Im Schulunterricht braucht es dagegen neben der

Vermittlung von *technoliteracy* vor allem eine tiefe und breite humanistische Bildung.

Jenseits der Bildungsfrage muss eine Politik des Digitalen Humanismus berechtigte existenzielle Sorgen und Ängste vieler Menschen ernst nehmen und angesichts der zunehmenden Verbreitung von KI konkrete Lösungen für absehbare soziale Probleme aufzeigen können. Neben den genannten Konflikten zählen dazu insbesondere die Digitalisierung des Arbeitslebens und das Wegfallen vieler Berufe (vgl. Kaplan 2015) sowie die digitale Zukunft des Stadtlebens in Smart Cities (vgl. Lauzi 2019).

Wenn die Geistes- und Sozialwissenschaften ihrem Namen und ihrer Aufgabe auch in Zukunft gerecht werden wollen, müssen sie auf der Begriffshoheit in ihren ureigenen Forschungsfeldern bestehen und diese souverän in den öffentlichen Diskurs tragen. Das Nachdenken über KI bedarf deshalb einer technisch informierten, begriffsorientierten, sachlichen und gleichzeitig normativen Philosophie der digitalen Technik, die sich deutlich von einer Debatte abgrenzt, in der gesellschaftliche Wirklichkeit mit Science-Fiction verwechselt wird. Vor allem sollte sich diese Philosophie nicht davor scheuen, zu den wichtigen Fragen der Gegenwart Stellung zu beziehen.

Anhang

Anmerkungen

1 Empfehlenswert sind z.B. die von der Harvard University angebotenen *CS50's Introduction to Artificial Intelligence with Python* (für alle, die schon Programmier-Vorkenntnisse besitzen) und *CS50: Introduction to Computer Science* (für alle, die sich diese erst aneignen wollen).

2 Übersetzung übernommen aus der Wikipedia [https://de.wikipedia.org/wiki/Dartmouth_Conference, letzter Zugriff: 10.08.2020] und am Originaltext geprüft.

3 Ich danke Frank Trollmann für diese Veranschaulichung.

4 Das Programm simuliert eine Ratte, die sich in einem Labyrinth orientieren muss.

5 Kognition ist die Gesamtheit der Informationsverarbeitung, etwa bei Menschen und Tieren, ggf. aber auch bei Computersystemen, wozu beispielsweise die Fähigkeiten Wahrnehmung, Erinnerung, Lernen und Kreativität zählen, siehe auch www.humanbrainproject.eu.

6 Es ist m.E. verfehlt, die Attribute »natürlich« und »künstlich« in Bezug auf KI als Gegensatz zu sehen und davon auszugehen, dass Technik nicht natürlich ist (und im Umkehrschluss der Mensch trotz seiner offensichtlichen kulturellen Prägung nicht auch »künstlich« ist). Ich danke Uwe Voigt und den Teilnehmern des Ladenburger Diskurses »Natürliche und künstliche Intelligenz im Anthropozän« im März 2020 für bereichernde Diskussionen zu genau dieser Fragestellung. In dieser Einführung ist insbesondere das »K« in »KI«

stets ein Terminus technicus. Wenn ich »natürliche Intelligenz« als Überbegriff für vor allem menschliche und tierliche Intelligenz verwende (insbesondere in Kap. 2), dann lediglich als Gegensatz zum technischen KI-Begriff, aber ohne irgendeine Implikation zur Natürlichkeit natürlicher Intelligenz. (Leberkäse ist weder Leber noch Käse.)

7 Mir ist keine griffige deutsche Bezeichnung bekannt. Entspricht etwa: KI auf menschlichem Niveau.

8 Auf Deutsch manchmal als Allgemeine Künstliche Intelligenz (AKI) bezeichnet.

9 Inwieweit das menschliche Nervensystem nur ein loses Vorbild für künstliche NN ist oder künstliche NN eine tatsächliche Nachbildung des menschlichen Nervensystems darstellen, ist an dieser Stelle der technischen Erklärung von NN unerheblich, für die Frage, ob Maschinen denken können, aber relevant.

10 Der *bias* ist mathematisch als der negative *threshold* definiert.

11 Catrin Misselhorn skizziert, basierend auf Churchland/Churchland (1990), ebenso eine interessante Neuformulierung des *Chinesischen Zimmers*. In dieser Anordnung ist eine Hundertschaft von Personen in einer Turnhalle eingesperrt, wobei eine Person jeweils ein Neuron im Modell repräsentiert (vgl. 2018, S. 33). Dies mit der obigen Darstellung verknüpft, veranschaulicht ML/NN noch adäquater, insbesondere wenn die Hundertschaft nur als Gruppe Feedback erhält, wodurch die Feinabstimmung innerhalb des Systems entsprechend komplexer wird.

12 Im Unterschied zum Compiler übersetzt der Interpreter nicht erst den gesamten Programmiercode in Maschinensprache, bevor dieser ausgeführt wird, sondern führt den Programmiercode Zeile für Zeile direkt aus (stark vereinfacht könnte man hier an eine Simultanübersetzung denken).

13 Ich verwende – wie insbesondere in der analytischen Philosophie üblich – Ontologie und Metaphysik synonym, wobei etwaige Differenzierungen in diesem Rahmen zu vernachlässigen sind. Nicht verwechselt werden darf die philosophische Disziplin der Ontologie jedoch mit dem Ontologiebegriff der Informatik: Dort bezeichnet Ontologie ein System aus sprachlich gefassten und formal geordneten Begriffen und Beziehungen, was u.a. auch in der Wissensreprä-

sentation im Rahmen von KI (insbesondere im NLP, vgl. Kap. 1.2) eine bedeutende Rolle spielt.

14 Piccinini (2000) unterscheidet ebenfalls zwischen Standardlesart und wörtlicher Lesart, argumentiert aber, dass Turing selbst die Standardlesart impliziert.

15 In diesem speziellen Fall ist »Geist« der präzisere Begriff.

16 Putnams Ansichten zu Bewusstsein und Körper-Geist-Problem variieren stark zwischen seinen Publikationen. So gilt er etwa gleichzeitig als stärkster Verfechter und größter Kritiker des Funktionalismus im 20. Jahrhundert, vgl. Putnam 1988 u. Silverberg 1992.

17 Brüntrup bezeichnet diese Position auch als »Maschinen-Funktionalismus«, vgl. 2018, S. 107–109.

18 Der Funktionalismus ist historisch aus dem »heute meist als gescheitert betrachtete[n]« (Brüntrup 2018, S. 97) Behaviorismus hervorgegangen. Im Behaviorismus wird Denken/Bewusstsein lediglich als Verhalten definiert, und demzufolge kann eine AGI, die sich wie ein Mensch verhält (etwa indem sie Turings Imitationsspiel meistert), als denkend klassifiziert werden (vgl. auch Beckermann 2008a, S. 63–65, der den logischen Behaviorismus als Spielart des semantischen Physikalismus ansieht).

19 Putnam unterscheidet am Ende seines Aufsatzes »Geist und Maschine« drei Positionen, die den vorgestellten drei Auffassungen sehr nahekommen, nämlich entweder (a) dass das Körper-Geist-Problem schlicht rätselhaft ist und wir daher gar nichts sagen können; »(b) daß irgendeine philosophische Auffassung für den Mechanismus [= Computerfunktionalismus in meiner Terminologie] korrekt ist, oder (c) daß irgendeine dualistische Argumentation tatsächlich zeigt, daß sowohl Menschen als auch Turingmaschinen Seelen haben« (1994, S. 180), wobei die Positionen einander theoretisch zwar ausschließen, praktisch aber insbesondere (b) und (c) auf dasselbe hinauslaufen.

20 Derlei Spekulationen spielen insbesondere im Zusammenhang mit Singularität, Trans- und Posthumanismus eine große Rolle, vgl. Kap. 3.

21 *Quantum Computing* basiert zwar auf quantenmechanischen, aber letztlich dennoch physikalischen Gesetzen sowie logischen Strukturen und elektronischen Schaltungen. Damit kann es (trotz vieler noch zu überwindender technischer Hürden) zwar einen gravieren-

den quantitativen Fortschritt für KI bedeuten, aber das ist nicht dasselbe wie »echte konzeptionelle Durchbrüche in der KI« (Russell 2020, S. 44). Mainzer schreibt vorsichtig zum Thema »Bewusstsein und Quantum Computing«: »[O]b und wie [quantenphysikalische Superpositionen] [...] mit Bewusstseinszuständen verbunden werden können, ist dann noch eine ganz andere Frage.« (2019, S. 218) Zum *Quantum Computing* vgl. Homeister 2018; Nielsen/Chuang 2010; Mainzer 2019, S. 210–221.

22 »Die Prozessorleistung muss mindestens 24 MHz betragen«, »Muss den Turing-Test dreimal hintereinander bestehen« und »Muss mindestens einen Temperatur- und Farbsensor haben« wären also keine guten Beispiele.

23 Zur Geschichte und zu gegenwärtigen Anwendungen bieten Carstensen (2010, S. 1–26; 2017) und Wilks (2018) einen guten Einstieg.

24 Dies wird ihm insbesondere von Marvin Minsky vorgeworfen (vgl. Roads 1980; Sabbatini 1998; Wilks 2018), wenngleich andere Computerwissenschaftler Chomskys Beitrag zur KI-Forschung durchaus auch positiv einschätzen (vgl. Knuth 2003). Zum Beitrag Chomskys zu CL/NLP vgl. u.a. Weizenbaum 1978, S. 242–267; Mainzer 1994, S. 642–644; Mainzer 2019, S. 55–71; Jones 2007.

25 Wenngleich im Alltag teils kuriose Missverständnisse entstehen. Weiter leiden einige Menschen unter »pragmatic disorders« (vgl. u.a. Bishop 1997), d.h., sie haben teilweise und in unterschiedlichen Graden Probleme damit, alles wörtlich und nicht im Kontext und Sprachgebrauch zu verstehen. Thomas Heichele hat mich darauf hingewiesen, dass »pragmatic disorders« auch unter Hypnose auftreten können: »Du sitzt auf einem heißen Stuhl« wird dann möglicherweise nicht mehr als beruhigendes Motorradfahren gedeutet, sondern führt dazu, dass hypnotisierte Menschen panisch aufspringen, weil sie sich zu verbrennen glauben. Dies wiederum könnte ein Ausgangspunkt für eine interessante Abwandlung des Turing-Tests sein: Wenn man eine KI hypnotisieren könnte und sie unterschiedliches Verstehen im hypnotisierten und nicht-hypnotisierten Zustand hätte, wäre das seiner Ansicht nach zwar noch kein Kriterium, aber zumindest ein starkes Indiz für starke KI, insbesondere da das Thema Unterbewusstsein im KI-Kontext bisher noch stark vernachlässigt worden ist.

26 Dreyfus' Kritik an der KI-Forschung baut u.a. auf der Phänomenologie von Martin Heidegger und Maurice Merleau-Ponty sowie dem Denken Ludwig Wittgensteins auf und kann aufgrund ihrer Komplexität in dieser Einführung leider nur angedeutet werden.

27 Dies ist jedoch eine sehr subjektive Einschätzung von Metzinger. Nicht jeder, der den Reduktionismus kritisch sieht, hat Angst vor ihm. Außerdem ist der in den Geisteswissenschaften ebenso verbreitete vorauseilende Gehorsam gegenüber dem Reduktionismus häufig nicht minder irrational und obskur.

28 Der Effektive Altruismus ist eine gegenwärtig einflussreiche soziale Bewegung von Unternehmern und Wissenschaftlern, die sich im Rahmen ihres karitatives Anliegens vor allem mit existenziellen Risiken durch KI beschäftigt, wobei eine sowohl personell wie ideologisch große Überschneidung mit der in Kap. 3.2 diskutierten Futorologie (u.a. durch das Future of Humanity Institute in Oxford) besteht.

29 Substratunabhängigkeit ist die zentrale Annahme in Bostroms berühmtem Simulationsargument, dem zufolge unsere Wirklichkeit mit hoher Wahrscheinlichkeit nur eine von einer posthumanen Zivilisation (vgl. Kap. 3.1) gestartete Computersimulation darstellt. Vgl. Bostrom 2018 und für eine ausführliche Diskussion Rosengrün 2020. Tegmark versteht derweil unter Substratunabhängigkeit, dass »Informationen [...], unabhängig von ihrem materiellen Substrat, ein Eigenleben führen« (2019, S. 91, Kursivierung entfernt) können, was auf eine merkwürdige Gleichsetzung von Geist und Information in Teilen der gegenwärtigen Debatte hindeutet (vgl. Loh 2018, S. 26–29).

30 Ein Bit ist die kleinste Maßeinheit für den Informationsgehalt in der Computertechnik (0/1-Zustand) und entspricht dem Zustand »Spannung aus/ein« bzw. »geringer/hoher Widerstand« einer elektronischen Schaltung auf der Hardware-Ebene.

31 Zum Veröffentlichungsdatum dieses Buches wahrscheinlich immer noch einer der schnellsten Supercomputer der Welt.

32 Ich danke Thomas Heichele und Uwe Voigt für ihre wertvolle Kritik an den vorangegangenen Abschnitten: Uwe Voigt verdanke ich insbesondere die hilfreiche Unterscheidung zwischen Art und Genus von phänomenalem Bewusstsein; Thomas Heichele insbesondere den wichtigen Hinweis, dass mein Argument nicht auf neuromorphe KI übertragbar ist, und den Denkanstoß zu Enhancements.

33 Vgl. www.nextrembrandt.com und www.bthvn2020.de für die genannten Projekte sowie Scheer (2019) für eine Übersicht über andere interessante Projekte.
34 Im Detail wird in der Regel versucht, mithilfe von ML/NN-Verfahren (vgl. Kap. 1.3) Muster in vorhandenen Kunstwerken zu erkennen und basierend auf diesen neue »Kunst« zu generieren.
35 Ich danke Sebastian Tränkle und Lars Hartmann für diesen Denkimpuls und interessante Gespräche dazu.
36 Im Kontext von Benjamins Aufsatz ist vor allem die politische Vereinnahmung durch den Faschismus gemeint, der Benjamin mit seiner Forderung nach der Politisierung der Kunst entgegentritt.
37 Abhängig von der gewählten digitalen Kopiermethode ist ein sog. »Generation Loss« möglich, der jedoch praktisch kaum ins Gewicht fällt.
38 Vgl. dazu meine Überlegungen in Kap. 4.2 zum Paradox des bestmöglichen Outputs.
39 Zitiert nach (und stark kritisiert von) Weizenbaum (2001, S. 53–54; vgl. S. 42–43 für einen leicht abweichenden Wortlaut).
40 Chalmers' Eigenschaftsdualismus geht – stark vereinfacht – davon aus, dass Körper und Geist nicht zwei Substanzen sind, sondern zwei verschiedenartige Eigenschaften derselben Substanz (vgl. u.a. Chalmers 1996; 2010a; 2010b; Beckermann 2008a, S. 434-441).
41 Kurzweil hat u.a. 2008 basierend auf seinen Überlegungen zum TH die Singularity University (keine akkreditierte Universität, sondern ein profitorientierter Anbieter für *executive education*; siehe www.su.org) mitbegründet. Außerdem ist er seit 2012 Leiter der technischen Entwicklung von Google.
42 Ich gehe im Folgenden nicht auf die interessante, aber vielschichtige *Enhancement*-Debatte ein, die deutlich über den TH hinausgeht und vom KI-Thema gänzlich wegführt: Der Begriff Enhancement umfasst jede technische Optimierung des Menschen, etwa auch Brillen, Prothesen, Mobiltelefone und Pharmazeutika. Diese stellen in gewisser Form ebenfalls eine Transformation des Menschen dar, doch unter TH verstehe ich hier ausschließlich die oben beschriebene Denkrichtung, die sich auf die Singularitätsthese gründet. Außerdem diskutiere ich hier nicht Cyborgs, Mensch-Maschine-Schnittstellen und Bio-Engineering, da auch diese Themen nur sehr bedingt mit KI

zu tun haben, wenngleich sie in TH/PH häufig wiederkehrende Motive darstellen. Zu *Enhancements* vgl. u.a. Gesang 2017; Loh 2018, S. 41–64; Schöne-Seifert/Talbot 2009.

43 Ich folge Lohs fundierter Analyse, kritisiere TH/PH aber aus einer humanistischen Grundüberlegung heraus. Diese ist konträr zum von ihr vertretenen kritischen PH. Plakativ: Ich kritisiere TH/PH, weil diese den Menschen entmenschlichen. Der kritische PH kritisiert sie, weil sie den Menschen nicht vollständig entmenschlichen (vgl. 2018, S. 130–179).

44 Für eine ausführliche Auseinandersetzung mit TH/PH vgl. Loh 2018; für meine Kritik speziell an Bostrom vgl. Rosengrün 2020.

45 Zu diesem Thema hochrelevant ist Blumenbergs detaillierte Analyse zum »Ordnungsschwund« der Neuzeit und dessen Einfluss auf die Technik, vgl. 2009, S. 99–136.

46 Weizenbaums Vortrag von 1990 bezieht sich zwar ausschließlich auf Moravec (2001), seine Punkte lassen sich aber umstandslos auf den gegenwärtigen TH/PH übertragen.

47 Das ist die auf den Intel-Mitgründer Gordon Moore zurückgehende und vor allem in der Informatik verbreitete These, dass sich die Komplexität integrierter Schaltkreise (oder vereinfacht: die Anzahl der Berechnungen, die ein Prozessor innerhalb einer Sekunde durchführen kann) innerhalb eines bestimmten Zeitraums (meist wird von zwölf Monaten ausgegangen) verdoppelt.

48 Beispielsweise wenn SI durch biologisches *Enhancement* oder *Mind Uploading* erreicht würde. Hier zeigt sich deutlich die Verbindung zur TH/PH-Debatte.

49 Um dies zu verhindern, setzt sich das (von Elon Musk mitbegründete) OpenAI-Institut für einen sicheren Umgang mit KI ein, indem es Quellcode gegenwärtiger KI-Forschung öffentlich macht – wozu Bostrom wiederum sagt: »If you have a button that could do bad things to the world, you don't want to give it to everyone« (zitiert nach Metz 2016).

50 Formal bleiben nur noch Tautologien übrig: (1) KI oder Nicht-KI; (2) Wenn KI, dann entweder KI+ oder Nicht-KI+; (3) Wenn KI+, dann entweder KI++ oder Nicht-KI++; (4) Also KI++ oder Nicht-KI++.

51 Yudkowsky (2001) hat für eine AGI, die sich selbst zu optimieren weiß, den Begriff »Seed AI« geprägt, wobei es sich dabei um ein spekulatives Konzept im Zusammenhang mit dem Singularitarismus (vgl. Kap. 3.1) handelt. Wenngleich auf absehbare Zeit auch bei der Softwareentwicklung KI eingesetzt werden dürfte, steckt KI-gestütztes Programmieren gegenwärtig allerhöchstens in den Kinderschuhen (vgl. Nye u.a. 2019).

52 In der deutschen Version von Tegmark (2019) wurde »Luddites« kommentarlos mit »Technikfeinde« übersetzt.

53 Und nicht etwa vor allem einem kleinen Kreis von Tech-Unternehmen, deren Funktionäre der »nutzbringenden KI«-Bewegung angehören und u.a. Tegmarks Institut finanzieren (vgl. Tegmark 2019, S. 59, Abb. 1.3).

54 Ich kritisierte selbstverständlich nicht die gesamte Forschungsarbeit dieser Institutionen. Gerade weil dort regelmäßig auch hervorragende technische und gesellschaftliche Analysen zur KI publiziert werden, sind die beschriebene Grenzverwischung und Tendenz jedoch problematisch.

55 Neben existenziellen Risiken durch KI analysiert Ord andere Bedrohungen wie Atomkriege und Pandemien, die die Zukunft der Menschheit gefährden könnten (vgl. auch Bostrom 2018; 2020).

56 Tegmark begrüßt seine Leser etwa »zum wichtigsten Gespräch unserer Zeit« (2019, S. 39), während Bostrom sein Forschungsgebiet als »die wahrscheinlich größte und beängstigendste Aufgabe, der die Menschheit je gegenüberstand«, präsentiert und hinzufügt: »egal, ob wir sie meistern oder an ihr scheitern: Es wird wohl auch die letzte sein« (je 2014, S. 9). Vor diesem Hintergrund ist auch Ords Kritik an der Menschheit zu verstehen, mehr Geld für Eiscreme als für die Bekämpfung der existenziellen Bedrohung durch KI auszugeben (vgl. Ord, S. 104) – vergleichbar mit Bostroms Kritik an der Wissenschaft, sich lieber mit Mistkäfern als dem Schicksal der Menschheit zu beschäftigen (vgl. Bostrom 2018, S. 81–83).

57 Ein ähnlicher Gedankengang findet sich bei Markus Gabriel, der die beschriebene Vermenschlichung der Technik mit Ludwig Feuerbachs (1841) Projektionsthese in Verbindung bringt und ausführt, dass Menschen seit jeher menschliche Eigenschaften nicht nur auf

ihre Gottesvorstellung, sondern auch auf Technik übertragen haben (vgl. Gabriel 2018, S. 104–106).

58 Vgl. zum Kontrast die Zoomorphisisierung der SI als Eule in der »Unvollendete[n] Fabel der Spatzen« im Vorwort von Bostrom 2014 sowie auf dem Titel der Originalausgabe.

59 Vgl. auch Gabriel (2018), der die wichtigste Funktion der gegenwärtigen Philosophie als »Widerstand gegen die Lüge vom postfaktischen Zeitalter« beschreibt, also insbesondere ihre Aufgabe, sich »gegen die unsinnige Behauptung alternativer Tatsachen, gegen Verschwörungstheorien und unbegründete apokalyptische Szenarien« (S. 14) zu wenden, welche er – analog zu meinen obigen Ausführungen – im Naturalismus begründet sieht.

60 Vgl. Nida-Rümelin/Weidenfeld (2018), die Motive aus Hollywood-Filmen mit der technischen Praxis abgleichen.

61 Diese Roboter sind in vielen Ländern bereits Realität, vgl. u.a. Turkle 2012; Loh 2019a; Loh 2019b. Zum Priesterersatz siehe den »BlessU-2 Segensroboter«, den die Evangelische Landeskirche in Hessen und Nassau im Rahmen der »Weltausstellung der Reformation 2017« in Auftrag gegeben hat (vgl. Seidel-Cardoso 2019; Loh 2019a, S. 68–69).

62 Lemaignan u.a. (2014) verweisen auf die in der Sozialen Robotik gebräuchliche Unterscheidung zwischen »anthropomorphem Design« (entspricht der Gestaltung durch »wahrnehmbare Kriterien« wie Gesichtsausdruck, Aussehen etc.) und »›Anthropomorphismus‹ (im eigentlichen Sinne)«, welcher dem »sozialen Phänomen, das aus der Interaktion zwischen Roboter und einer Nutzerin oder einem Nutzer« entsteht, gerecht zu werden versucht (je dt. zitiert nach Loh 2019a, S. 76).

63 NLP basierend auf ML/NN hat in den letzten Jahren enorme Fortschritte gemacht. Zuletzt erregte etwa OpenAI im Frühjahr 2020 mit der Veröffentlichung von »Generative Pretrained Transformer 3« einige Aufmerksamkeit. Dennoch basieren gegenwärtige Chatbots meist auf einprogrammierten Regeln; ML/NN wird höchstens unterstützend eingesetzt. Dessen sollte man sich bewusst sein, wenn man Chatbots und Roboter als KI bezeichnet.

64 Der Test bittet die Probanden, Geschöpfe wie Puppen, Furbys, Mäuse etc. kopfüber in der Luft zu halten, und zielt darauf ab herauszufin-

den, ab wann diesen Kreaturen Emotionen zugeschrieben werden (vgl. Turkle 2012, S. 93–102).

65 Die Studien gehen auf den Marktstart von Apples Siri (Ende 2011/Anfang 2012) zurück. Die technische Weiterentwicklung von digitalen Sprachassistenten dürfte diesen Trend sogar noch verstärkt haben.

66 »[W]e move from conversation to the efficiencies of mere connection« (Turkle 2015, S. 21, Kursivierung entfernt).

67 Vgl. mit meinen obigen Ausführungen darüber, dass eine Technisierung des Menschen mit einer Vermenschlichung der Technik einhergeht, d.h. dass es aus einem technisierten Menschenbild heraus zwangsläufig ist, dass Mensch und Maschine sich angleichen.

68 Dafür wäre eine starke AGI erforderlich. Wie in Kap. 3.2 gezeigt, geht selbst die »Nutzbringende KI«-Bewegung nicht davon aus, dass AGI allzu bald technisch realisiert wird; ob AGI darüber hinaus mentale Zustände aufweist, ist außerdem fraglich (vgl. Kap. 2).

69 Die folgenden Überlegungen gelten auch, wenn das Gegenüber von anderen Menschen programmiert wird. Die Kontrollierbarkeit wäre dann nur mittelbar. Jedoch verschiebt dies soziale Beziehungen in den Bereich Prostitution (= der Wunschroboterpartner ist ein kommerzielles Produkt) oder es entsteht eine anderweitige Form von Abhängigkeitsbeziehung zwischen ›Kunden‹ und ›Hersteller‹, in welcher die ›Kunden‹ manipulierbar würden.

70 Ähnliche Fragen werfen auch TH/PH mit ihrem Ziel auf, den Menschen zum »besseren« Menschen zu transformieren.

71 Das relevant scheinende Problem der *transworld identity* (das sich auch temporal fassen lässt) wirft zwar die Frage auf, was die Identität eines Menschen über mögliche Welten (bzw. Zeitpunkte) hinweg garantiert, ist aber vor allem ein theoretisches Rätsel in der modalen Metaphysik und kein sozial-anthropologisches Problem, vgl. Krebs 2019, S. 64–65.

72 Dieser besondere Zugang zur Wirklichkeit kann modalmetaphysisch beschrieben werden und besitzt darüber hinaus eine ethische Dimension: Wäre die Wirklichkeit nichts Besonderes, würde es keinen Unterschied machen, ob jemand in einer Virtuellen Realität oder in der Wirklichkeit ein Verbrechen begeht, vgl. Krebs 2019, S. 107–113.

73 Gerade bei Themen wie *Mind Uploading* findet das Leben nur noch im Digitalen oder Virtuellen statt, wenngleich die notwendigen Ser-

ver noch »auf Erden« stehen dürften. Mindestens die u.a. bei Tegmark diskutierte »kosmische Besiedlung« (2019, S. 325) würde dem vollkommen entgegenlaufen. Dass echtes menschliches Leben notwendig mit dem Planeten Erde verbunden ist, ist sicher bestreitbar, aber nichtsdestotrotz ein zentraler Aspekt von Jonas' Naturphilosophie, den die Zukunftsforschung in ihrer Rezeption schlicht ignoriert.

74 Begrüßenswert ist das beherzte populärwissenschaftliche Plädoyer von Precht (2020), das die Wichtigkeit der anthropologischen Dimension von KI an eine sehr breite Öffentlichkeit vermittelt.

75 *Artificial Morality* ist typischerweise nicht auf Computer/Maschinen bzw. KI im technischen Sinne beschränkt, sondern umfasst – ähnlich wie der in Kap. 3.2 diskutierte Begriff der Superintelligenz – auch andere spekulative Formen von *Artificial Life*, d.h. insbesondere die Möglichkeit, moralische Akteure mithilfe von biologischen/genetischen Verfahren künstlich herzustellen (häufig als »Wet Artificial Life« bezeichnet, vgl. u.a. Wallach/Allen 2008, S. 55–56), worauf ich in diesem Buch jedoch nicht eingehe.

76 Je nach sprachlichem Kontext bezeichnet eine Entscheidung auch das Ergebnis einer Wahl.

77 Gegeben meine FIDE Elo vom August 2020. Das Beispiel ist nicht polemisch, sondern eine Analogie, die die Tautologie des zugrunde liegenden Arguments verdeutlicht: (1) x besitzt eine Fähigkeit nicht. (2) Es wird davon abstrahiert, dass x diese Fähigkeit nicht besitzt. (3) Also besitzt x diese Fähigkeit auf der Abstraktionsebene.

78 Ich folge Misselhorn darin, »ethical« mit »moralisch« zu übersetzen, vgl. 2018, S. 70–72.

79 Meine Lesart von Wallach/Allen (2009) unterscheidet sich von der Darstellung bei Loh (vgl. 2019a, S. 58–64). Loh sieht bei Wallach/Allen ein graduelles Konzept von *moral agency*, während nach meiner Auffassung *moral agency* lediglich das weit entfernte Ziel beschreibt, dem man sich bei der technischen Konstruktion von Moralität annähern könnte. Die operationale und funktionale Moralität – als Zwischenschritte – sind demnach für Wallach/Allen keine *agency*.

80 Verstanden als wahre, gerechtfertigte Überzeugung (vgl. Lemos 2007), wobei Überzeugungen in der Regel als intentional aufgefasst werden.

81 Frankfurt greift dieses Prinzip zwar mit einigen Gegenbeispielen (sog. »Frankfurt-Fälle«) an, aber auch die von ihm geforderte Neuformulierung »a person is not morally responsible for what he has done if he did it only because he could not have done otherwise« (1969, S. 838) spricht KI die Möglichkeit moralischer Verantwortung ab.

82 Ich erlaube mir im Folgenden Vereinfachungen, um überhaupt ein Gesamtbild andeuten zu können. Empfehlenswerte Einführungen in die Ethik bieten u.a. Birnbacher (2013), Ewing (1953), Frankena (2017) und Höffe (2013). Für einen Kurzüberblick vgl. Misselhorn (2018, S. 53–69).

83 Die folgenden Überlegungen sind inspiriert von dem auf Humes Induktionsproblem aufbauenden Regelfolgen-Paradox, das Saul Kripke (2006) anhand von Wittgensteins *Philosophischen Untersuchungen* herausgearbeitet hat, sowie dem auf Nelson Goodman (1988) zurückgehenden neuen Rätsel der Induktion.

84 Diese Kombination wird auch über die Moralimplementation hinaus in anderen Bereichen der KI-Forschung praktiziert, z.B. im NLP. Dort werden i.d.R. grammatische Grundregeln vorgegeben (jeder Output also *top down* optimiert), während etwa Wortschatz und Wissensdatenbank *bottom up* erweitert werden.

85 Für eine ausführliche Diskussion des Technikbegriffs sowohl in systematischer als auch historischer Hinsicht vgl. Heichele 2020.

86 Außerdem ist anzumerken, dass KI keine Grundrechte und -werte achten kann, weil Achtung (genau wie Anerkennung und Respekt) ein handlungsfähiges Subjekt voraussetzt (vgl. Kap. 4.1).

87 Auch die sowohl im TH/PH (vgl. Kap. 3.1) wie im Digitalsektor verbreitete Fortschrittsgläubigkeit (vgl. Schmidt/Cohen 2013) geht implizit von einer inhärenten Normativität von Technik aus. Die Moralität der Technik entfaltet sich demnach kontinuierlich bis in eine utopische Zukunft. Umgekehrt gilt dies auch für dystopische Bedrohungsszenarien, wie sie insbesondere in der Debatte um die bevorstehende Superintelligenz skizziert werden (vgl. Kap. 3.2). Hier wird Normativität aber jeweils im Zusammenspiel mit einem gesellschaftlich-technologischen Determinismus gedacht bzw. diesem untergeordnet, wodurch sich viel grundlegendere Fragen und Probleme ergeben (vgl. Kap. 4.5, 5.1).

88 Ähnliche Überlegungen, die ebenfalls von Jonas inspiriert sind, finden sich bei Herman Tavani (2018), der sich jedoch darauf beschränkt, nur soziale Roboter als moralische Objekte anzusehen, vgl. dazu Loh 2019a, S. 86–88.
89 Für eine rechtswissenschaftliche Diskussion vgl. u.a. Schirmer (2020), Seher (2016) und Teubner (2018).
90 Physiozentristische Überlegungen zum moralischen Objektstatus außen vorgelassen. Diese lassen sich ggf. auch auf soziale Konstrukte wie Staaten und Aktiengesellschaften übertragen.
91 Im englischen Original schreibt Castells hier und im Folgenden *technology*, was mit »Technik« übersetzt werden müsste. Technologie (oder ein Teil einer Technologie) ist dagegen die von ihm erwähnte Dialektik zwischen Gesellschaft und *technology*, vgl. Kap. 4.3.
92 Vgl. Biermann (2010), der dieses Unwort des Jahres 2010 – mit George Orwells Roman *1984* – als »Neusprech« klassifiziert. Darauf unmittelbar Bezug nimmt der netzpolitische Podcast alternativlos.org von Felix von Leitner und Frank Rieger, die u.a. regelmäßig die ethischen und technischen Herausforderungen von KI thematisieren.
93 Das Argument, dass Menschen aufgrund von Fehlurteilen Jahre in Unfreiheit verbringen, ist im Rechtssystem der USA zweitrangig.
94 Vereinfacht kann man sich regelbasiertes Programmieren hier als die softwaretechnische Umsetzung eines Flussdiagramms vorstellen, vgl. Kap. 1.2.
95 Wenn automatisierte Gesichtserkennung (wie in den USA inzwischen üblich) von der Polizei zur Fahndung eingesetzt wird, ist es für die Betroffenen schlimmer, *false positive* als *false negative* zu sein, vgl. u.a. Burton-Harris/Mayer (2020).
96 Vgl. weiter unten zum Verantwortungsbegriff.
97 Interessant ist der von O'Neil (2018) geprägte Begriff von Vorhersagealgorithmen als mathematischen Massenvernichtungswaffen (engl. *weapons of math desctruction*), wobei sie diesen vor allem konsequentialistisch begründet.
98 Für eine kritische Auseinandersetzung mit dem hier zitierten *EU-Weißbuch* vgl. u.a. Verbraucherzentralen Deutschland (2020).
99 Diese hat gemeinsam mit der Open Knowledge Foundation 2018 u.a. das Projekt »OpenSchufa« gestartet. Die Schufa kritisierte daran paradoxerweise zu Recht, dass es irritierend ist, sich ein solches

Projekt vom Mehrheitseigentümer eines direkten Schufa-Konkurrenten mitfinanzieren zu lassen (vgl. Mühlbauer 2018, Schufa 2018).

100 Vgl. für eine umfassende Übersicht Algorithm Watch (2020).

101 Dies ist meine persönliche (und daher streitbare) Einschätzung, zu der mir keine umfangreiche Untersuchung bekannt ist. Sie im Detail zu begründen würde hier zu weit führen.

102 Zu verschiedenen Typen von Verantwortung vgl. u.a. Nida-Rümelin 2011, S. 108–185.

103 Vgl. Art. 5(2) des von der Zeit-Stiftung initiierten Vorschlags zu einer »Charta der Digitalen Grundrechte der Europäischen Union« (2018) sowie Nr. 2 der Algo.Rules (2019).

104 Nicht zu verwechseln mit Shoshana Zuboffs abweichender Verwendung desselben Begriffs, vgl. Krell 2020 und Kap. 5.2.

105 Manuel Castells' zwischen 1996 und 1998 erstveröffentlichte Trilogie zum Informationszeitalter ist das soziologische Grundlagenwerk, das die Technologie analysiert, vor deren Hintergrund sich der digitale Kapitalismus ab Ende der 1990er Jahre entfaltet hat. Wie viele Intellektuelle zu der Zeit (vgl. Kap. 5.3) setzte auch Castells große Hoffnungen in das Internet als »Netzwer[k] des sozialen Wandels« (2017b, S. 386). Etwa zehn Jahre später, u.a. angesichts der einsetzenden Konzentration des Internets auf wenige Tech-Konzerne, analysiert er die kommunikativen Machtstrukturen der Netzwerkgesellschaft deutlich kritischer (vgl. 2009).

106 »Google« meint im Folgenden den Konzern, der inzwischen zur »Alphabet Inc.« umfirmierte, nicht dessen gleichnamige Suchmaschine. Google steht als Erfinder und Marktführer exemplarisch für ein Geschäftsmodell, das auch andere Konzerne (u.a. Facebook und Amazon) verfolgen.

107 Bereits aus wenigen Suchanfragen lassen sich bereits erstaunliche Vorhersagen treffen, vgl. u.a. Stephens-Davidowitz 2017.

108 Diese verbreitete Spamschutz-Maßnahme bietet Google beiläufig den Vorteil, dass Nutzer Trainingsdaten zur maschinellen Bilderkennung liefern, die wiederum Google-Dienste wie Street View verbessern, vgl. GoogleWatchBlog (2012).

109 Fake News können u. U. von NLP generiert werden, in nicht allzu ferner Zukunft vielleicht sogar auf die persönlichen Themen und Bedürfnisse ihrer Leser zugeschnitten (vgl. Hao 2019 zur hier beispiel-

haften Diskussion um die Veröffentlichung von *GPT-2* und *GPT-3* durch *OpenAI* und ihre öffentlichkeitswirksam ausgedrückte Befürchtung, diese Software könne zur Generierung glaubhaft erscheinender Fake News missbraucht werden).

110 In jüngeren Vorträgen und Gastbeiträgen bezeichnet Zuboff dieses Phänomen auch als Überwachungsdividende (*surveillance dividend*, vgl. Krell 2020).

111 Nicht nur auf Bauwerke bezogen, sondern allgemein darauf, wie Dinge geschaffen werden. Dies ist die rechtswissenschaftliche Perspektive auf die inhärente Normativität der Technik (vgl. Kap. 4.3).

112 Diese Sehnsucht findet Ausdruck in der »Declaration of Independence of Cyberspace« von John Perry Barlow (1996). Zu Recht merkt Staab an, dass Barlow darin die Forderung »nach Freiheit von staatlicher Jurisdiktion mit jener nach Freiheit von kapitalistischen Unternehmen verband« (2019, S. 76).

113 Das chinesische Internet würde hier zwar eine spannende Perspektive eröffnen, eine Auseinandersetzung damit würde an dieser Stelle aber zu weit führen (vgl. Lee 2018, S. 51–80; Schneider 2018).

114 Das Beispiel ist auch auf Amazons Büchersuche, Facebooks Newsfeed etc. übertragbar.

115 Weizenbaum konstatierte dies zur Jahrtausendwende, als an Googles Marktmacht bzw. ÜK noch nicht zu denken war (vgl. Zuboff 2019, S. 63–97). Weizenbaum ergänzt zutreffend, dass »in einer ›freien‹ Gesellschaft [...] das Internet eine Hilfe zur Demokratie sein« (2001, S. 32) *kann*, es als Massenmedium aber vor allem »den Wert von der Gesellschaft, in die es eingebettet ist« (ebd.), erbt, vgl. Kap. 4.3 und 4.5.

116 Lessigs 2006 veröffentlichtes Buch geht auf eine erste Version von 1999 zurück. Seine zentralen Thesen sind jedoch alles andere als überholt. Im Gegenteil ist es bemerkenswert, wie lange das beschriebene Phänomen bereits existiert. Ferner geht es hier nicht um eine Kritik einzelner politischer Entscheidungen (wenngleich ich Lessig zustimme), sondern um die historischen Weichenstellungen zum »Code is Law« des digitalen Kapitalismus.

117 Diese Geschäftsmodelle basieren i.d.R. darauf, Mandanten bei Bagatelldelikten (z.B. Strafzettel) einen Anwalt zu vermitteln, ohne dass diesen Kosten entstehen. Ein Algorithmus berechnet die Erfolgs-

wahrscheinlichkeit einer Klage u.a. auf Basis vergangener Gerichtsverfahren, wodurch Formfehler, unzureichende Eichung von Messgeräten etc. in die Berechnung einfließen. Bei hinreichender Erfolgswahrscheinlichkeit wird Klage eingereicht. Wenn der Klage stattgegeben wird, profitiert der Anwalt davon, dass die Gegenseite (die Staatskasse) sein Honorar bezahlt.

118 Die Reihenfolge ist eine persönliche Einschätzung und streitbar. Wesentlicher ist der Gedanke, die Regulierung der KI nicht nur im Hinblick auf rechtliche Regulierung zu diskutieren.

119 Staab führt dies überzeugend auf ein Missverständnis von Joseph Schumpeters (1975) Theorem der schöpferischen Zerstörung zurück, vgl. Staab 2019, S. 23–27.

120 Die Widmung lautet »To Wikipedia, the one surprise that teaches more than everything here« (vgl. Lessig 2006). Es geht mir im Folgenden wohlgemerkt nicht um eine Würdigung der Wikipedia (zu einer berühmten Kritik vgl. Larnier 2010), sondern um dasjenige, was die Organisation der Wikipedia über die Regulierung von KI lehrt.

121 Dies ist kein wissenschaftlicher Aufsatz, sondern ein Kommentar zur digitalen Souveränität der EU angesichts eines konkreten tagespolitischen Anlasses. Von Leitner erklärt die pragmatische Notwendigkeit einer unabhängigen Infrastruktur anhand konkreter Beispiele zur Chipherstellung und Webbrowser-Architektur, die zehn Jahre nach Veröffentlichung dieses Buches nicht mehr aktuell, aber immer noch lehrreich sein werden. Gleichzeitig ist dies ein wichtiger Hinweis darauf, dass jedes geistes- und sozialwissenschaftliche Nachdenken über KI tagesaktuelle digitalpolitische und digitalwirtschaftliche Ereignisse verstehen und (mit analytischer Distanz) bewerten können muss, wenn es gesellschaftlich ernst genommen werden will.

122 Datensparsamkeit ist das Prinzip, nur die Daten von Nutzern zu erheben und zu speichern, die für eine Anwendung unbedingt erforderlich sind (z.B. funktioniert eine Onlinebestellung nicht, ohne dem Anbieter eine Versandadresse mitzuteilen; Telefonnummer und Geburtsdatum sind aber unnötig). Netzneutralität ist die Gleichbehandlung der Übertragung von Daten (vgl. Francke 2019).

123 Für Lessig ist Bildung lediglich eine Vermittlung zwischen Recht und gesellschaftlichen Normen (vgl. 2006, S. 129), was er aber nicht im Detail ausführt.

124 Nida-Rümelin und Weidenfeld zufolge sind das Wissen (aufgeteilt in Orientierungs-, Fach- und Hintergrundwissen) sowie Persönlichkeitsbildung und Urteilskraft, vgl. 2018, S. 150–163, sowie Nida-Rümelin 2013 für eine ausführliche Darstellung.

125 Staubsaugroboter können z.B. die Hausarbeit erleichtern. Den wenigsten Besitzern ist jedoch bewusst, dass einige davon im Hintergrund Wohnungsgrundrisse (oder gar Bilder der Wohnung) aufzeichnen und an den Hersteller übertragen, der diese gemäß der Logik des ÜK weiterverarbeitet (vgl. Zuboff 2019, S. 232–253).

126 Diese Position vertritt vor allem Arthur Schopenhauer, der Ethik als Beschreibung menschlichen Verhaltens versteht, während sich Moral einzig durch das menschliche Gefühl des Mitleids begründet (»Moral predigen ist leicht, Moral begründen schwer«, vgl. Schopenhauer 2007). Auch die Tugend in der aristotelischen Ethik kann nur durch Erziehung und Einübung erworben, aber gerade nicht durch (verpflichtende) Ethikkurse vermittelt werden (vgl. Kap. 4.1).

127 Ich wirke seit Gründung im Oktober 2017 am Aufbau eines vergleichbaren Programms an der CODE Berlin mit, urteile hier also nicht unvoreingenommen.

Literatur

Algorithm Watch (2020). »AI Ethics Guidelines Global Inventory«. [URL: https://inventory.algorithmwatch.org – letzter Zugriff: 03.09.2020].

Algo.Rules (2019). »Algo.Rules. Regeln für die Gestaltung algorithmischer Systeme«. Hg. von iRights.Lab und der Bertelsmann Stiftung. Stand: 7. März 2019 [URL: https://algorules.org/typo3conf/ext/rsmbstalgorules/Resources/Public/assets/pdf/Algo.Rules_DE.pdf, letzter Zugriff: 03. 09.2020].

Alonso, Eduardo (2018). »Actions and agents« In: The Cambridge Handbook of Artificial Intelligence. Hg. von Keith Frankish und William Ramsey. 3. Aufl. Cambridge u.a.: Cambridge University Press, S. 232–246.

Anderson, Ross (2017). »Wer die KI bezahlt, darf auch bestimmen« In: Was sollen wir von Künstlicher Intelligenz halten? Die führenden Wissenschaftler unserer Zeit über intelligente Maschinen. Hg. von John Brockman. Frankfurt: S. Fischer, S. 248–250.

Anderson, Susan (2011). »Machine Metaethics«. In: Machine Ethics. Hg. von Michael Anderson und Susan Anderson. Cambridge: Cambridge University Press, S. 21–27.

Anscombe, Elizabeth (2010). Absicht. Berlin: Suhrkamp.

Arendt, Hannah (2011). Eichmann in Jerusalem. Ein Bericht von der Banalität des Bösen. München: Piper.

Arendt, Hannah (2019). Vita activa oder Vom tätigen Leben. 20. Aufl. München: Piper.

Aristoteles (1987). Physik. Bücher I–IV. Übers. und hg. von Hans-Günter Zekl. Hamburg: Meiner.

Asimov, Isaac (2022). Der Aufbruch zu den Sternen, München: Heyne.

Austin, John (1986): Zur Theorie der Sprechakte (How to Do Things with Words), Stuttgart: Reclam.

Barlow, John Perry (1996). »A Declaration of the Independence of Cyberspace«. In: Eletronic Frontier Foundation [URL: https://www.eff.org/de/cyberspace-independence - letzter Zugriff: 31.08.2020].
Barthes, Roland (2005): »Der Tod des Autors« In: Das Rauschen der Sprache. Frankfurt a.M. Suhrkamp, S. 57–63.
Beckedahl, Markus und Andre Meister (Hg.) (2013). Überwachtes Netz – Edward Snowden und der größte Überwachungsskandal der Geschichte. Berlin: Newthinking.
Beckermann, Ansgar (1994): »Der Computer – ein Modell des Geistes?« In: Geist – Gehirn – künstliche Intelligenz. Zeitgenössische Modelle des Denkens. Ringvorlesung an der Freien Universität Berlin. Hg. von Sybille Krämer. Berlin: De Gruyter, S. 71–87.
Beckermann, Ansgar (2008a): Analytische Einführung in die Philosophie des Geistes. 3. aktual. und erw. Ausgabe. Berlin: De Gruyter.
Beckermann, Ansgar (2008b): Gehirn, Ich, Freiheit. Neurowissenschaften und Menschenbild. Paderborn: Mentis.
Bellman, Richard (1978). An Introduction to Artificial Intelligence: Can Computers Think? San Francisco: Boyd & Fraser.
Bendel, Oliver (2019). »Die Maschinenethik als neues interdisziplinäres Forschungsfeld«. In: Mensch-Maschine-Interaktion. Hg. von Kevin Liggieri und Oliver Müller. Stuttgart: Metzler, S. 361–367.
Benjamin, Walter (2003). Das Kunstwerk im Zeitalter seiner technischen Reproduzierbarkeit. Drei Studien zur Kunstsoziologie. Frankfurt a.M.: Suhrkamp.
Bertelsmann Stiftung (2020). »From principles to practice. An interdisciplinary framework to operationalise AI ethics« [URL: https://www.bertelsmann-stiftung.de/fileadmin/files/BSt/Publikationen/GrauePublikationen/WKIO_2020_final.pdf - letzter Zugriff: 03.09.2020].
Biermann, Kai (2010). »Alternativlos«. [URL: https://neusprech.org/alternativlos/ - letzter Zugriff: 24.08.2020].
Birnbacher, Dieter (1995). Tun und Unterlassen. Stuttgart: Reclam.
Birnbacher, Dieter (2013). Analytische Einführung in die Ethik. 3. Aufl. Berlin: De Gruyter.
Bishop, Dorothy (1997). Uncommon understanding. Hove: Psychology Press.

Block, Ned (1996). »Eine Verwirrung über eine Funktion des Bewußtseins.« In: Bewußtsein – Beiträge aus der Gegenwartsphilosophie. Hg. von Thomas Metzinger. Paderborn: Mentis, S. 523–575.

Blumenberg, Hans (2009). Geistesgeschichte der Technik. Hg. von Alexander Schmitz und Bernd Stiegler. Frankfurt a.M.: Suhrkamp.

Boden, Margaret (2004). The Creative Mind. Myths and Mechanisms. 2. Aufl. London u.a. Routledge.

Bohlken, Eike und Christian Thies (2009). Handbuch Anthropologie: Der Mensch zwischen Natur, Kultur und Technik. Stuttgart: Metzler.

Bostrom, Nick (1998). »How Long Before Superintelligence?«. In: International Journal of Future Studies 2 [URL: https://www.nickbostrom.com/superintelligence.html - letzter Zugriff: 20.07.2020].

Bostrom, Nick (2005). »A History of Transhumanist Thought«. In: Journal of Evolution and Technology 14, Nr. 1, S. 1–25.

Bostrom, Nick (2014) Superintelligence. Paths, Dangers, Strategies. Oxford u.a.: Oxford University Press.

Bostrom, Nick (2018). Die Zukunft der Menschheit. Berlin: Suhrkamp.

Bostrom, Nick (2020). Die verwundbare Welt. Eine Hypothese. Berlin: Suhrkamp.

Bostrom, Nick und Ćirković, Milan (Hg.) (2008). Global Catastrophic Risks. Oxford u.a.: Oxford University Press.

Brandom, Robert (2001). Articulating Reasons. An Introduction to Inferentialism. Cambridge, MA: Harvard University Press.

Buchholtz, Gabriele (2020). »Artificial Intelligence and Legal Tech: Challenges to the Rule of Law«. In: Regulating Artificial Intelligence. Hg. von Thomas Wischmeyer und Timo Rademacher. Cham: Springer, S. 123–142.

Buolamwini, Joy u. Timnit Gebru (2018). »Gender Shades: Intersectional Accuracy Disparities in Commercial Gender Classification«. In: Proceedings of Machine Learning Research 81, S. 1–15.

Brüntrup, Godehard und Ludwig Jaskolla (Hg.) (2017). Panpsychism. Contemporary Perspectives. Oxford u.a.: Oxford University Press.

Brüntrup, Godehard (2018). Philosophie des Geistes. Eine Einführung in das Leib-Seele-Problem. Stuttgart: Kohlhammer.

Bryson, Joanna (2010). »Robots Should Be Slaves«. In: Close Engagements with Artificial Companions. Key social, psychological, ethical and design issues. Hg. von Yorick Wilks. Amsterdam: John Benjamins, S. 63–74.

Burton-Harris, Victoria und Philip Mayor (2020). »Wrongfully Arrested Because Face Recognition Can't Tell Black People Apart«. In: American Civil Liberties Union. [URL: https://www.aclu.org/news/privacy-technology/wrongfully-arrested-because-face-recognition-cant-tell-black-people-apart/ – letzter Zugriff: 26.08.2020].

Carstensen, Kai-Uwe u.a. (Hg.) (2010). Computerlinguistik und Sprachtechnologie. Eine Einführung. 3. Aufl. Heidelberg: Spektrum.

Carstensen, Kai-Uwe (2017). Sprachtechnologie. Ein Überblick. [URL: http://kai-uwe-carstensen.de/Publikationen/Sprachtechnologie.pdf – letzter Zugriff: 23.06.2020].

Castells, Manuel (2017a). Der Aufstieg der Netzwerkgesellschaft. Das Informationszeitalter. Wirtschaft. Gesellschaft. Kultur. Bd. 1. Wiesbaden: Springer.

Castells, Manuel (2017b). Die Macht der Identität. Das Informationszeitalter. Wirtschaft. Gesellschaft. Kultur. Bd. 2. Wiesbaden: Springer.

Castells, Manuel (2017c). Jahrtausendwende. Das Informationszeitalter. Wirtschaft. Gesellschaft. Kultur. Bd. 3. Wiesbaden: Springer.

Cavaliere, Paola und Peter Singer (Hg.) (1994). Menschenrechte für die großen Menschenaffen. München: Goldmann.

Chalmers, David (1995a). »Facing Up to the Problem of Consciousness«. In: Journal of Consciousness Studies 2, Nr. 3, S. 200–219.

Chalmers, David (1995b). »Absent Qualia, Fading Qualia, Dancing Qualia«. In: Conscious Experience. Hg. von Thomas Metzinger. Paderborn: Schöningh, S. 309–328.

Chalmers, David (1996). The Conscious Mind: In Search of a Fundamental Theory. Oxford u.a.: Oxford University Press.

Chalmers, David (2010a). »The singularity: A philosophical analysis«. In: Journal of Consciousness Studies, 17 (9–10), S. 7–65.

Chalmers, David (2010b). The Character of Consciousness. Oxford: Oxford University Press.

Chalmers, David (2012) »The Singularity: A Reply«. In: Journal of Consciousness Studies 19, S. 141–167.

Chalmers, David (2014). »Mind Uploading: A Philosophical Analysis«. In: Damien Broderick and Russell Blackford (Hg.): Intelligence Unbound: The Future of Uploaded and Machine Minds. Oxford u.a.: Blackwell, S. 102–118.

Charniak, Eugene and Drew McDermott (1985). Introduction to Artificial Intelligence. Reading, MA: Addison-Wesley.

Chomsky, Noam (1957). Syntactic Structures. Den Haag/Paris: Mouton & Co.

Churchland, Paul und Patricia Smith Churchland (1990). »Could a Machine Think?«. In: Scientific American Journal 262, S. 32–39.

Darling, Kate (2016). »Extending Legal Protection to Social Robots. The Effects of Anthropomorphism, Empathy, and Violent Behavior Towards Robotic Objects«. In: Robot Law. Hg. von Ryan Calo, A. Michael Froomkin und Ian Kerr. Cheltenham: Edward Elgar, S. 213–231.

Davidson, Donald (1990). Handlung und Ereignis. Frankfurt a.M.: Suhrkamp.

Demmerling, Christoph und Hilge Landweer (2007). Philosophie der Gefühle. Von Achtung bis Zorn. Stuttgart/Weimar: Metzler.

Dennett, Daniel (1987). The Intentional Stance. Cambridge, MA: Bradford Books/MIT Press.

Dennett, Daniel (1993). Consciousness Explained. London: Penguin.

Dennett, Daniel (2012). »The Mystery of David Chalmers«. In: Journal of Consciousness Studies 19, Nr. 1–2, S. 86–95.

Dennett, Daniel (2017). »Die Singularität – eine moderne Legende?« In: Was sollen wir von Künstlicher Intelligenz halten? Die führenden Wissenschaftler unserer Zeit über intelligente Maschinen. Hg. von John Brockman. Frankfurt: Fischer, S. 123–127.

Ding, Jeffrey (2018). »Deciphering China's AI Dream. The context, components, capabilities, and consequences of China's strategy to lead the world in AI.« [URL: https://www.fhi.ox.ac.uk/wp-content/uploads/Deciphering_Chinas_AI-Dream.pdf – letzter Zugriff: 05.09.2020].

Doctorow, Cory (2020). »How to Destroy Surveillance Capitalism«. In: OneZero The undercurrents of the future. A Medium publication about tech and science [URL: https://onezero.medium.com/how-to-destroy-surveillance-capitalism-8135e6744d59 – letzter Zugriff: 28.08.2020].

Döring, Sabine (Hg.) (2009). Philosophie der Gefühle. Frankfurt a.M.: Suhrkamp.

Dreyfus, Hubert (1985). Was Computer nicht können. Die Grenzen künstlicher Intelligenz. Königstein: Athenäum 1985.

Dreyfus, Hubert (1992). What Computers Still Can't Do. A Critique of Artificial Reason. Cambridge, MA: MIT Press.

Dreyfus, Hubert und Stuart Dreyfus (1987). Künstliche Intelligenz. Von den Grenzen der Denkmaschine und dem Wert der Intuition. Reinbek bei Hamburg: Rowohlt.

Elder, Alexis (2017): »Robot Friends for Autistic Children. Monopoly Money«. In: Robot Ethics 2.0. From Autonomous Cars to Artificial Intelligence. Hg. von Patrick Lin, Ryan Jenkins und Keith Abney. New York: Oxford University Press, S. 113–126.

Elgammal, Ahmed, Bingchen Liu, Mohamed Elhoseiny und Marian Mazzone (2017). »CAN: Creative Adversarial Networks Generating ›Art‹ by Learning About Styles and Deviating from Style Norms« [URL: https://arxiv.org/abs/1706.07068 - letzter Zugriff: 12.07.2020].

Eubanks, Virginia (2018). Automating Inequality. How High-Tech Tools Profile, Police, and Punish the Poor. New York: St. Martin's Press.

Europäische Kommission (2020). »Weißbuch zur Künstlichen Intelligenz. Ein europäisches Konzept für Exzellenz und Vertrauen« [URL: https://ec.europa.eu/info/sites/info/files/commission-white-paper-artificial-intelligence-feb2020_de.pdf – letzter Zugriff: 03.09.2020].

Ewing, Alfred (1953). Ethics. London: English University Press.

Fenner, Dagmar (2019). Selbstoptimierung und Enhancement: Ein ethischer Grundriss. Tübingen: Narr Francke Attempto (UTB).

Feuerbach, Ludwig (1841). Das Wesen des Christentums. Leipzig: Otto Wigand.

Floridi, Luciano (2008). »Artificial Intelligence's New Frontier. Artificial Companions and the Fourth Revolution«. In: Metaphilosophy, 39(4/5), S. 651–655.

Floridi, Luciano (2011). The Philosophy of Information. Oxford: Oxford University Press.

Floridi, Luciano und J.W. Sanders (2004). »On the Morality of Artificial Agents«. In: Minds and Machines 14, S. 349–379.

Fodor, Jerry (1983). The Modularity of Mind. An Essay on Faculty Psychology. Cambridge, MA u. London: Bradford.

Fodor, Jerry (2000). The Mind Doesn't Work That Way: The Scope and Limits of Computational Psychology. Cambridge, MA: MIT Press.

Foot, Philippa (1967). »The Problem of Abortion and the Doctrine of the Double Effect«. In: Oxford Review 5, S. 5–15.

Foucault, Michel (1977). Überwachen und Strafen. Die Geburt des Gefängnisses. Frankfurt a.M.: Suhrkamp.

Francke, Felix (2019). Netzneutralität in Europa. Ursprünge – Bausteine – Regulierungen. Baden-Baden: Nomos.

Frankena, William (2016). Ethik. Eine analytische Einführung. 6. Aufl. Wiesbaden: Springer VS.

Frankfurt, Harry (1969). »Alternate possibilities and moral responsibility«. In: Journal of Philosophy 66, Nr. 23, S. 829–839.

Frankish, Keith und William Ramsey (Hg.) (2018). The Cambridge Handbook of Artificial Intelligence. 3. Aufl. Cambridge u.a.: Cambridge University Press.

Freud, Sigmund (1969 [Orig. 1917]). »Vorlesungen zur Einführung in die Psychoanalyse«. In: Gesammelte Werke. Bd. 11. Frankfurt a.M.: Fischer.

Friedman, Batya und Peter Kahn (1992). »Human Agency and Responsible Computing. Implications for Computer System Design«. In: Journal of Systems and Software 17, Nr. 1, S. 7–14.

Fry, Hannah (2019). Hello World. Was Algorithmen können und wie sie unser Leben verändern. München: C.H. Beck.

Fukuyama, Francis (2004). »Transhumanism.« In: Foreign Policy 144, S. 42–43.

Gabriel, Markus (2018). Der Sinn des Denkens. Berlin: Ullstein.

Gandy, Oscar (1993). The Panoptic Sort. A Political Economy of Personal Information. Boulder, CO: Westview Press.

Gazdar, Gerald und Chris Mellish (1989). Natural Language Processing in PROLOG. An Introduction to Computational Linguistics. Reading, MA: Addison Wesley.

Gehlen, Arnold (1961). Anthropologische Forschung. Reinbek bei Hamburg: Rowohlt.

Gehlen, Arnold (2016). Der Mensch. Seine Natur und seine Stellung in der Welt. Frankfurt a.M.: Klostermann.

Gerdes, Anne (2017). »The Issue of Moral Consideration in Robot Ethics«. In: SIGGAS Computers & Society 45, Nr. 3, S. 274–279.

Gesang, Bernward (2007). Perfektionierung des Menschen. Berlin: De Gruyter.

Gibney, Elizabeth (2016). »AI firms lure academics. Shift to industry sparks excitement – and some concern.« In: Nature 532, Nr. 7600, S. 422–423.

Gillespie, Tarleton (2017). »#trendingistrending. Wenn Algorithmen zu Kultur werden.« In: Algorithmuskulturen. Über die rechnerische Konstruktion der Wirklichkeit. Hg. von Robert Seyfert und Jonathan Roberge. Bielefeld: Transcript, S. 75–106.

Gillespie, Tarleton/Seaver, Nick (2015): »Critical Algorithm Studies: A Reading List«. In: Social Media Collective [URL: http://socialmediacollective.org/reading-lists/critical-algorithm-studies – letzter Zugriff: 27. 08.2020].

Goldie, Peter (2002). The Emotions. A Philosophical Exploration. Oxford u.a.: Oxford University Press.

Good, Irving John (1966). »Speculations Concerning the First Ultraintelligent Machine«. In: Advances in Computers 6, S. 31–88.

Goodman, Nelson (1988). Tatsache, Fiktion, Voraussage. Frankfurt a.M.: Suhrkamp.

GoogleWatchBlog (2012). »Google nutzt Streetview-Fotos für reCAPTCHA«. [URL: https://www.googlewatchblog.de/2012/03/google-streetview-fotos-recaptcha/ – letzter Zugriff: 30.08.2020].

Gottl-Ottlilienfeld, Friedrich von (1923). Grundriss der Sozialökonomik. II. Abteilung. Die natürlichen und technischen Bedingungen der Wirtschaft. II. Teil. Wirtschaft und Technik. 2., neubearbeitete Auflage. Tübingen: J. C. B. Mohr.

Grice, Herbert Paul (1989). Studies in the Way of Words. Cambridge, MA: Harvard University Press.

Grunwald, Armin (Hg.) (2003). Handbuch Technikethik. Stuttgart/Weimar: Metzler.

Hao, Karen (2019). »OpenAI has released the largest version yet of its fake-news-spewing AI«. In: MIT Technology Review [URL: https://www.technologyreview.com/2019/08/29/133218/openai-released-its-fake-news-ai-gpt-2/ - letzter Zugriff: 30.08.2020].

Harbisson, Neil (2012). »I listen to color«. TEDGlobal Juni 2012 [URL: https://www.ted.com/talks/neil_harbisson_i_listen_to_color – letzter Zugriff: 18.07.2020].

Hartree, Douglas Rayner (1949). Calculating Instruments and Machines. Urbana: University of Illinois Press.

Haugeland, John (1985). Artificial Intelligence. The Very Idea. Cambridge, MA: MIT Press.

Hawking, Stephen (2019). Kurze Antworten auf große Fragen. Stuttgart: Klett-Cotta.
Hegel, Georg Wilhelm Friedrich (1986). Grundlinien der Philosophie des Rechts. Werke 7. Frankfurt a.M.: Suhrkamp.
Heichele, Thomas (2020). »Das Spannungsfeld von Mensch, Technik und Natur aus Sicht der Philosophie. Von Ackerbau und Viehzucht zum Anthropozän.« In: Ders. (Hg.): Mensch – Natur – Technik. Philosophie für das Anthropozän. Münster: Aschendorf, S. 47–66.
Heilmann, Sebastian (2018). Red Swan. How Unorthodox Policy Making Faciliated China's Rise. Hongkong: The Chinese University Press.
Heilmann, Till (2019). »Algorithmus«. In: Mensch-Maschine-Interaktion. Hg. von Kevin Liggieri und Oliver Müller. Stuttgart: Metzler, S. 229–232.
Hertreiter, Laura (2017). »Streit über Affen-Selfie beigelegt«. In: Sueddeutsche Zeitung Online [URL: https://www.sueddeutsche.de/panorama/rechtsstreit-um-affen-selfie-streit-ueber-affen-selfie-beendet-1.3662934 – letzter Zugriff: 12. Juli 2020].
Höffe, Ottfried (2013). Ethik. Eine Einführung. München: C.H. Beck.
Hoffmann-Riem, Wolfgang (2020). »Artificial Intelligence as a Challenge for Law and Regulation«. In: Regulating Artificial Intelligence. Hg. von Thomas Wischmeyer und Timo Rademacher. Cham: Springer, S. 1–29.
Hollstein, Yannic (2020). »Das hegemoniale Projekt der Bertelsmann Stiftung im Wachstumsdiskurs«. In: Nachhaltigkeit, Postwachstum, Transformation. Eine Rekonstruktion wesentlicher Arenen und Narrative des globalen Nachhaltigkeits- und Transformationsdiskurses. Hg. von Ulrich Roos. Wiesbaden: Springer VS, S. 269–298.
Homeister, Matthias (2018). Quantum Computing verstehen. Grundlagen – Anwendungen – Perspektiven. 5. Aufl. Wiesbaden: Springer Vieweg.
Honneth, Axel (Hg.) (2006). Schlüsseltexte der Kritischen Theorie. Wiesbaden: Springer VS.
Huang, Yan (2007). Pragmatics. Oxford u.a.: Oxford University Press.
Hume, David (1999). An Enquiry concerning Human Understanding. Oxford u.a.: Oxford University Press.
Iida, Fumiya, Rolf Pfeifer, Luc Steels und Yasuo Kuniyoshi (Hg.) (2004). Embodied Artificial Intelligence. International Seminar, Dagstuhl Castle, Germany, July 7-11, 2003. Revised Papers. Heidelberg: Springer.
Irrgang, Bernhard (2005). Posthumanes Menschsein? Künstliche Intelligenz, Cyberspace, Roboter, Cyborgs und Designer-Menschen – Anthro-

pologie des künstlichen Menschen im 21. Jahrhundert. Stuttgart: Franz Steiner.

Jonas, Hans (2003). Das Prinzip Verantwortung. Versuch einer Ethik für die technologische Zivilisation. Frankfurt a.M.: Suhrkamp.

Jonas, Hans (2011). Das Prinzip Leben. 2. Aufl. Frankfurt a.M.: Suhrkamp.

Jones, Karen (2007). »Computational Linguistics: What About the Linguistics?« In: Computational Linguistics 33, S. 437–441.

Jones, Meg (2018). »Does Technology Drive Law? The Dilemma of Technological Exceptionalism in Cyberlaw« In: Journal of Law, Technology & Policy, Jg. 2018. Nr. 2, S. 249–284.

Kaiser, Brittany (2020). Die Datendiktatur. Wie Wahlen manipuliert werden. Hamburg: HarperCollins.

Kant, Immanuel (1784). »Beantwortung der Frage: Was ist Aufklärung?«. AA VIII, S. 33–42 [URL: https://korpora.zim.uni-duisburg-essen.de/Kant/aa08/ - letzter Zugriff: 22.08.2020].

Kant, Immanuel (1785). Grundlegung zur Metaphysik der Sitten. AA IV, S. 385–463 [URL: https://korpora.zim.uni-duisburg-essen.de/Kant/aa04/ – letzter Zugriff: 22.08.2020].

Kant, Immanuel (1797a). Über ein vermeintes Recht, aus Menschenliebe zu lügen. AA VII, S. 423–430 [URL: https://korpora.zim.uni-duisburg-essen.de/Kant/aa08/ - letzter Zugriff: 22.08.2020].

Kant, Immanuel (1797b). Die Metaphysik der Sitten. AA VI, S. 203–493 [URL: https://korpora.zim.uni-duisburg-essen.de/Kant/aa06/ – letzter Zugriff: 22.08.2020].

Kant, Immanuel (1831). Immanuel Kant's Menschenkunde oder philosophische Anthropologie. Nach handschriftlichen Vorlesungen hg. von Friedrich Christian Starke. Leipzig: Die Expedition des europäischen Aufsehers.

Kaplan, Jerry (2015). Humans Need Not Apply. A Guide to Wealth and Work in the Age of Artificial Intelligence. New Haven: Yale University Press.

Kaplan, Jerry (2017). »AI's PR Problem«. In: MIT Technology Review [URL: https://www.technologyreview.com/2017/03/03/153435/ais-pr-problem-2 - letzter Zugriff: 23.07.2020].

Kim, Jaegwon (2006). Philosophy of Mind. 2. Aufl. Cambridge, MA: Westview.

Knuth, Donald (2003). Selected Papers on Computer Languages. Stanford, CA: Center for the Study of Language and Information.

Kostka, Genia (2019). »China's Social Credit Systems and Public Opinion: Explaining High Levels of Approval«. In: New Media & Society 21, Nr. 7, S. 1565–1593.

Kranzberg, Melvin (1986). »Technology and History: ›Kranzberg's Laws‹«. In: Technology and Culture 27, Nr. 3, S. 544–560.

Kranzberg, Melvin (1992). »The scientific and technological age«. In: Bulletin of Science and Technology Society 12, S. 63–65.

Krebs, Sebastian (jetzt Rosengrün, 2019). Kripkes Metaphysik Möglicher Welten. Berlin: De Gruyter.

Krell, Tina (2020). »Packaging and scholarship. A summary of Zuboff's talk during the Making Sense of the Digital Society lecture series«. In: Digital Society Blog. Hg. vom Humboldt Institut für Internet und Gesellschaft [URL: https://www.hiig.de/packaging-and-scholarship-a-summary-of-zuboffs-talk-during-the-making-sense-of-the-digital-society-lecture-series/ – letzter Zugriff: 30.08.2020].

Kripke, Saul (2006). Wittgenstein über Regeln und Privatsprache. Suhrkamp: Frankfurt a.M.

Kurzweil, Ray (1990). The Age of Intelligent Machines. Cambridge, MA: MIT Press.

Kurzweil, Ray (2014). Menschheit 2.0: Die Singularität naht. 2. Aufl. Berlin: Lola Books.

Larnier, Jaron (2010). »Digitaler Maoismus. Kollektivismus im Internet, Weisheit der Massen, Fortschritt der Communities? Alles Trugschlüsse.« In: Süddeutsche Zeitung [https://www.sueddeutsche.de/kultur/das-so-genannte-web-2-0-digitaler-maoismus-1.434613 – letzter Zugriff: 05.09.2020].

Lauzi, Markus (2019). Smart City. Technische Fundamente und erfolgreiche Anwendungen. München: Hanser.

Lee, Kai-Fu (2018). AI Superpowers: China, Silicon Valley, and the New World Order. Boston: Houghton Mifflin Harcourt.

Lemaignan, Séverin, Julia Fink und Pierre Dillenbourg (2014). »The Dynamics of Anthropomorphism in Robotics«. In: HRI 14 Proceedings of 2014 ACM/IEEE International Conference on Human-Robot Interactions, S. 226–227.

Lemos, Noah (2007). An Introduction to the Theory of Knowledge. Cambridge u.a.: Cambridge University Press.

Lenzen, Manuela (2018). Künstliche Intelligenz. Was sie kann und was uns erwartet. München: C.H. Beck.

Lessig, Lawrence (2006). Code. Version 2.0. New York: Basic Books.

Leveringhaus, Alex (2016). Ethics and Autonomous Weapons. London: Palgrave Macmillan.

Levin, Janet (2018). »Functionalism«. In: The Stanford Encyclopedia of Philosophy (Fall 2018 Edition). Hg. von Edward Zalta [URL: https://plato.stanford.edu/archives/fall2018/entries/functionalism – letzter Zugriff: 20.06.2020].

Levy, David (2007). Love and Sex with Robots. The Evolution of Human-Robot Relationships. New York: HarperCollins.

Levy, Steven (2011). In the Plex. How Google Thinks, Works, and Shapes our Lives. New York: Schuster & Schuster.

Liebert, Wolfgang (2013). »Entwicklung und Einsatz der Atombombe«. In: Handbuch Technikethik. Hg. von Achim Grunwald. Stuttgart/Weimar: Metzler, S. 55–60.

Liesem, Kerstin und Lars Rademacher (2018). Die Macht der Strategischen Kommunikation. Medienethische Perspektiven der Digitalisierung. Baden-Baden: Nomos.

Loh, Janina (2018). Trans- und Posthumanismus zur Einführung. Hamburg: Junius.

Loh, Janina (2019a). Roboterethik. Eine Einführung. Berlin: Suhrkamp.

Loh, Janina (2019b). »Arbeitsfelder der Roboterethik«. In: Mensch-Maschine-Interaktion. Hg. von Kevin Liggieri und Oliver Müller. Stuttgart: Metzler, S. 352–360.

Lovelace, Ada (1842). »Translator's notes to an article on Babbage's Analytical Engine.« In: Scientific Memoirs 3. Hg. von V.R. Taylor, S. 691–731.

Mainzer, Klaus (1994). Computer – Neue Flügel des Geistes? Die Evolution computergestützter Technik, Wissenschaft, Kultur und Philosophie. Berlin: De Gruyter.

Mainzer, Klaus (1997). Gehirn, Computer, Komplexitiät. Berlin u. Heidelberg: Springer.

Mainzer, Klaus (2019). Künstliche Intelligenz. Wann übernehmen die Maschinen?, 2. erw. Aufl. Berlin: Springer.

Mannino, Adriano, David Althaus, Jonathan Erhardt, Lukas Gloor, Adrian Hutter und Thomas Metzinger (2015). »Künstliche Intelligenz: Chancen und Risiken«. Diskussionspapiere der Stiftung für Effektiven Altruismus 2, S. 1–17.

Marr, Bernard (2017) »The 4 Ds Of Robotiziation, Dull, Dirty, Dangerous and Dear«. In: Forbes [URL: https://www.forbes.com/sites/bernardmarr/2017/10/16/the-4-ds-of-robotization-dull-dirty-dangerous-and-dear – letzter Zugriff: 08.08.2020].

Marx, Johannnes (2010). »Rationalität, Hermeneutik und Neurowissenschaften. Eine Auseinandersetzung mit den kultur- und neurowissenschaftlichen Herausforderunngen ökonomischer Theorien vor dem Hintergrund der Theorie von Donald Davidson.« In: Jahrbuch für Handlungs- und Entscheidungstheorie. Bd. 6: Schwerpunkt Neuere Entwicklungen des Konzepts der Rationaliät und ihre Anwendungen. Hg. von Joachim Behnke, Thomas Bräuninger und Susumu Shikano. Wiesbaden: Springer VS, S. 69–100.

McCarthy, John, Marvin Minsky, Nathaniel Rochester und Claude E. Shannon (2006). »A Proposal for the Dartmouth Summer Research Project on Artificial Intelligence. August 31, 1955.« In: AI Magazine 27, Nr. 4, S. 12–14.

McCarthy, John (1994). »Können einer Maschine geistige Eigenschaften zugeschrieben werden?« In: Künstliche Intelligenz. Philosophische Probleme. Hg. von Walter Ch. Zimmerli und Stefan Wolf. Stuttgart: Reclam. S. 184–231.

McCulloch, Warren S. und Walter Pitts (1943). »A logical calculus of the ideas immanent in nervous activity«. In: The Bulletin of Mathematical Biophysics 5, S. 115–133.

McKinney, Scott Mayer u.a. (2020). »International evaluation of an AI system for breast cancer screening«. In: Nature 577, S. 89–94.

McLuhan, Marshall (1992). Die magischen Kanäle – Understanding Media. Dresden/Basel: Verlag der Kunst.

MDR Wissen (2017). »Eine Roboterfrau in Saudi-Arabien«. [URL: https://www.mdr.de/wissen/faszination-technik/roboter-mit-saudischem-pass-100.html – letzter Zugriff: 21.08.2020].

Meibauer, Jörg (2001). Pragmatik. Eine Einführung. 2. verb. Aufl. Tübingen: Stauffenburg.

Metz, Cade (2016). »Inside OpenAI, Elon Musk's Wild Plan to Set Artificial Intelligence Free«. In: Wired [URL: https://www.wired.com/2016/04/openai-elon-musk-sam-altman-plan-to-set-artificial-intelligence-free/ – letzter Zugriff: 26.07.2020].

Metzinger, Thomas (2006). Bewusstsein. Grundkurs Philosophie des Geistes. Band 1. Paderborn: Mentis.

Metzinger, Thomas (2007). Das Leib-Seele-Problem. Grundkurs Philosophie des Geistes. Band 2. Paderborn: Mentis.

Metzinger, Thomas (2017a). Der Ego-Tunnel. Eine neue Philosophie des Selbst. Von der Hirnforschung zur Bewusstseinsethik. 6. Aufl. Piper: München.

Metzinger, Thomas (2017b). »Was ist, wenn sie leiden können?« In: Was sollen wir von Künstlicher Intelligenz halten? Die führenden Wissenschaftler unserer Zeit über intelligente Maschinen. Hg. von John Brockman. Frankfurt: Fischer, S. 609–613.

Milkowski, Marcin (2013). Explaining the Computational Mind. Cambridge, MA: MIT Press.

Minsky, Marvin und Seymour Papert (1969). Perceptrons. An Introduction to Computational Geometry. Cambridge, MA: MIT Press.

Misselhorn, Catrin (2013). »Robots as moral agents«. In: Ethics in Science and Society. German and Japanese Views. Hg. von Frank Rövekamp und Friederike Bosse. München: Iudicium, S. 30–42.

Misselhorn, Catrin (2018). Grundfragen der Maschinenethik. Stuttgart: Reclam.

Misselhorn, Catrin (2019). »Roboterethik«. In: Analysen & Argumente. Digitale Gesellschaft. Hg. von der Konrad-Adenauer-Stiftung. Nr. 340, S. 1–11 [URL: https://ordosocialis.de/pdf/Misselhorn/AA340_Roboterethik.pdf - letzter Zugriff: 20.07.2020].

Mittelstraß, Jürgen (2012). »Vom Geist der Technik«. Working Paper 2012/02. Universität Siegen im Rahmen des ForschungsKollegSiegen (FOKOS) [URL: https://fokos.de/wp-content/uploads/2019/07/wp_2012_02.pdf - letzter Zugriff: 21.07.2020].

Moor, James (2006). »The Nature, Importance, and Difficulty of Machine Ethics«. In: IEEE Intelligent Systems 21, Nr. 4, S. 18–21.

Moravec, Hans Peter (2001). Mind Children. Der Wettlauf zwischen menschlicher und künstlicher Intelligenz. Hamburg: Hoffmann und Campe.

More, Max (1990). »Transhumanism: Towards a Futurist Philosophy«. In: Extropy 6, Sommer 1990, S. 6–12.
More, Max und Natasha Vita-More (Hg.) (2013). The Transhumanist Reader. Classical and Contemporary Essays on the Science, Technology, and Philosophy of the Human Future. Oxford u.a.: Wiley-Blackwell.
Morozov, Evgeny (2014). »Wir ahnungslosen Versuchskaninchen«. In: FAZ Online [URL: https://www.faz.net/aktuell/feuilleton/debatten/die-digital-debatte/digitale-ueberwachung-wir-ahnungslosen-versuchskaninchen-13069122.html – letzter Zugriff: 31.08.2020].
Mühlbauer, Peter (2018). »OpenSchufa will Bonitätsauskunft-Algorithmus herausfinden.« In: Telepolis [URL: https://www.heise.de/tp/features/OpenSchufa-will-Bonitaetsauskunft-Algorithmus-herausfinden-3975166.html - letzter Zugriff: 31.08.2020].
Nagel, Thomas (2018). What Is It Like to Be a Bat? Wie ist es, eine Fledermaus zu sein? Stuttgart: Reclam.
Nebel, Bernhard (2019). »Turing-Test«. In: Mensch-Maschine-Interaktion. Hg. von Kevin Liggieri und Oliver Müller. Stuttgart: Metzler, S. 304–306.
Nida-Rümelin, Julian (2011). Verantwortung. Stuttgart: Reclam.
Nida-Rümelin, Julian (2013). Philosophie einer humanen Bildung. Hamburg: Körber.
Nida-Rümelin, Julian und Nathalie Weidenfeld (2018). Digitaler Humanismus. Eine Ethik für das Zeitalter der Künstlichen Intelligenz. München: Piper.
Nielsen, Michael A. und Isaac L. Chuang (2010). Quantum Computation and Quantum Information. 2. Aufl. Cambridge: Cambridge University Press.
Nilsson, Nils (1998). Artificial Intelligence. A New Synthesis. San Francisco: Morgan Kaufmann.
Nilsson, Nils (2009). The Quest for Artificial Intelligence. A History of Ideas and Achievements. New York: Cambridge University Press.
N.N. (2018). »Charta der Digitalen Grundrechte der Europäischen Union«. Überarbeitete Fassung 2018. [URL: https://digitalcharta.eu/wp-content/uploads/Digital_Charta_deutsch.pdf letzter Zugriff: 01.09.2020].
N.N. (2019). »Wiener Manifest für Digitalen Humanismus« [URL: https://dighum.ec.tuwien.ac.at/wp-content/uploads/2019/07/Vienna_Manifesto_on_Digital_Humanism_DE.pdf – letzter Zugriff: 06.09.2020].
Nye Maxwell, Luke Hewitt, Joshua Tenenbaum und Armando Solar-Lezama (2019). Learning to Infer Program Sketches. Proceedings of the

36th International Conference on Machine Learning. [URL: https://arxiv.org/pdf/1902.06349.pdf – letzter Zugriff: 23.07.2020].
O'Neil, Cathy (2017). Angriff der Algorithmen. Wie sie Wahlen manipulieren, Berufschancen zerstören und unsere Gesundheit gefährden. München: Hanser.
Ord, Toby (2020). The Precipice. Existential Risk and the Future of Humanity. London: Bloomsbury.
Picard, Rosalind (1997). Affective Computing. Cambridge, MA: MIT Press.
Piccinini, Gualtiero (2000). »Turing's Rules for the Imitation Game«. In: Minds and Machines 10, S. 573–582.
Pinker, Steven (2011). Wie das Denken im Kopf entsteht. Frankfurt a.M.: Fischer.
Pohle, Julia (2020). »Digitale Souveränität«. In: Handbuch Digitalisierung in Staat und Verwaltung. Hg. von Tanja Klenk, Frank Nullmeier und Göttrik Wewer. Wiesbaden: Springer [URL: https://doi.org/10.1007/978-3-658-23669-4_21-1 - letzter Zugriff: 01.09.2020].
Poole, David, Alan Mackworth, und Randy Goebel (1998). Computational Intelligence: A Logical Approach. Oxford u.a.: Oxford University Press.
Popiel, Pawel (2018). »The Tech Lobby: Tracing the Contours of New Media Elite Lobbying Power«. In: Communication, Culture and Critique 11, Nr. 4, S. 566–585.
Poser, Hans (2016). Homo Creator – Technik als philosophische Herausforderung. Wiesbaden: Springer.
Precht, Richard David (2020). Künstliche Intelligenz und der Sinn des Lebens. München: Goldmann.
Pullen, Darren, Christina Gitsaki und Margaret Baguley (Hg.) (2010). Technoliteracy, Discourse and Social Practice. Frameworks and Applications in the Digital Age. Hershey, NY: Information Science Reference.
Pullen, Lara (2019). »Doctor AI. Using machine learning to support transplantation.« In: American Journal of Transplantation 19, S. 1–2.
Putnam, Hilary (1964). »Robots: Machines or Artificially Created Life?«. In: The Journal of Philosophy 61, Nr. 21, S. 668–691.
Putnam, Hilary (1988). Representation and Reality. Cambridge, MA: MIT Press.

Putnam, Hilary (1990). Vernunft, Wahrheit und Geschichte. Frankfurt a.M.: Suhrkamp.

Putnam, Hilary (1994). »Geist und Maschine«. In: Künstliche Intelligenz. Philosophische Probleme. Hg. von Walter Ch. Zimmerli und Stefan Wolf. Stuttgart: Reclam, S. 146–183.

Rawls, John (1999). A Theory of Justice. Überarb. Aufl. Cambridge, MA: Harvard University Press.

Recki, Birgit (2018). »Anthropologie. Mensch und Technik. Eine Bestandsaufnahme in der Philosophischen Anthropologie des 20. Jahrhunderts« In: Information Philosophie 2, S. 14–25.

Reidel, Johannes (2013). »Ethische Ingenieurverantwortung«. In: Handbuch Technikethik. Hg. von Achim Grunwald. Stuttgart/Weimar: Metzler, S. 76–81.

Rich, Elaine, Kevin Knight und Shivashankar B. Nair (2010). Artificial Intelligence. 3. Aufl. Neu-Delhi: Tata McGraw Hill.

Rifkin, Jeremy (2014). Die Null-Grenzkosten-Gesellschaft. Das Internet der Dinge, kollaboratives Gemeingut und der Rückzug des Kapitalismus. Frankfurt a.M. u. New York: Campus.

Roads, C. (1980) »Interview with Marvin Minsky«. In: Computer Music Journal 4, Nr. 3, S. 25–39.

Roberge, Jonathan und Robert Seyfert (2017). »Was sind Algorithmuskulturen?« In: Algorithmuskulturen. Über die rechnerische Konstruktion der Wirklichkeit. Hg. von Robert Seyfert und Jonathan Roberge. Bielefeld: Transcript, S. 7–40.

Rosenblatt, Frank (1958). »The perceptron: a probabilistic model for information storage and organization in the brain.« In: Psychological Reviews 65, S. 386–408.

Rosengrün, Sebastian (2020). »Nick Bostrom. Die Zukunft der Menschheit«. In: Zeitschrift für philosophische Literatur 8, Nr. 1, S. 23–31.

Russell, Stuart und Peter Norvig (2016). Artificial Intelligence. A Modern Approach. 3. Aufl. Harlow: Pearson.

Russell, Stuart (2020). Human Compatible. Künstliche Intelligenz und wie der Mensch die Kontrolle über superintelligente Maschinen behält. Frechen: Mitp.

Sabbatini, Renato (1998). »The Mind, Artificial Intelligence and Emotions. Interview with Marvin Minsky« [URL: http://www.cerebromente.org.br/n07/opiniao/minsky/minsky_i.htm - letzter Zugriff: 27.05.2020].

Schank, Roger und Robert Abelson (1977). Scripts, Plans, Goals, and Understanding: An Inquiry Into Human Knowledge Structures. Hilsdale, NJ: Lawrence Erlbaum.

Scheer, Ulrike (2019). »Kunst aus dem Automaten«. In: FAZ Online, [URL: https://www.faz.net/aktuell/feuilleton/kunst/kuenstliche-intelligenz-in-der-kunst-16135323.html – letzter Zugriff: 10.07.2020].

Scheuer, Stephan (2018). Der Masterplan. Chinas Weg zur Hightech-Weltherrschaft. Freiburg: Herder.

Scheutz, Matthias (2018). »Artificial emotions and machine consciousness«. In: The Cambridge Handbook of Artificial Intelligence. Hg. von Keith Frankish und William Ramsey. 3. Aufl. Cambridge u.a.: Cambridge University Press, S. 247–266.

Schiller, Dan (1999). Digital Capitalism. Networking the Global Market System. Cambridge, MA: MIT Press.

Schiller, Dan (2014). Digital Depression. Information Technology and Economic Crisis. Urbana u.a.: University of Illinois Press.

Schirmer, Jan-Erik (2020). »Artificial Intelligence and Legal Personality: Introducing ›Teilrechtsfähigkeit‹: A Partial Legal Status Made in Germany«. In: Regulating Artificial Intelligence. Hg. von Thomas Wischmeyer und Timo Rademacher. Cham: Springer, S. 123–142.

Schmidt, Eric und Jared Cohen (2013). The New Digital Age. Reshaping the Future of People, Nations and Business. New York: Alfred Knopf.

Schmitz, Friederike (Hg.) (2014). Tierethik. Grundlagentexte. Berlin: Suhrkamp.

Schneider, Florian (2018). China's Digital Nationalism. Oxford u.a.: Oxford University Press.

Schönecker, Dieter und Allen Wood (2011). Immanuel Kant, »Grundlegung zur Metaphysik der Sitten«. 4. Aufl. Paderborn: Schöningh.

Schöne-Seifert, Bettina und Davinia Talbot (Hg.) (2009) Enhancement. Die ethische Debatte. Paderborn: Mentis.

Schopenhauer, Arthur (2007). Über die Grundlage der Moral. Hamburg: Meiner.

Schufa (2018). »›OpenSchufa‹-Kampagne irreführend und gegen Sicherheit und Datenschutz in Deutschland«. Pressemitteilung. [URL: https://www.schufa.de/themenportal/detailseite/themenportal-detailseite.9856.jsp – letzter Zugriff: 31.08.2020].

Schuler, Thomas (2010). Bertelsmannrepublik Deutschland: Eine Stiftung macht Politik. Frankfurt a.M. u. New York: Campus.

Schumpeter, Joseph (1975). Kapitalismus, Sozialismus und Demokratie. 4. Aufl. München: Francke.

Searle, John (1983). Sprechakte. Ein sprachphilosophischer Essay. Frankfurt a.M.: Suhrkamp.

Searle, John (1986). Geist, Hirn und Wissenschaft. Frankfurt a.M.: Suhrkamp.

Searle, John (1991). Intentionalität. Eine Abhandlung zur Philosophie des Geistes. Frankfurt a.M.: Suhrkamp.

Searle, John (1994). »Geist, Gehirn, Programm« In: Künstliche Intelligenz. Philosophische Probleme. Hg. von Walter Ch. Zimmerli und Stefan Wolf. Stuttgart: Reclam, S. 232–265.

Searle, John (2010). Making the Social World. The Structure of Human Civilization. Oxford u.a.: Oxford University Press.

Seher, Gerhard (2016). Intelligente Agenten als »Personen« im Strafrecht? In: Intelligente Agenten und das Recht. Hg. von Sabine Gless und Kurt Seelmann. Baden-Baden: Nomos, S. 45–60.

Seidel-Cardoso, Veronika (2019). »Ein Roboter am Altar. ›BlessU-2‹ sorgt in Gemeinde für Diskussionen.« In: Domradio.de [URL: https://www.domradio.de/themen/ökumene/2019-02-05/ein-roboter-am-altar-blessu-2-sorgt-gemeinde-fuer-diskussionen – letzter Zugriff: 29.07.2020].

Shapiro, Carl und Hal Varian (1999). Information Rules. A Strategic Guide to the Network Economy. Boston: Harvard Business Press.

Silverberg, Arnold (1992). »Putnam on Functionalism«. In: Philosophical Studies 67, Nr. 2, S. 111–131.

Simon, Herbert A. (1965). The Shape of Automation for Men and Management. New York: Harper & Row.

Smith, Merrit und Leo Marx (Hg.) (1994) Does Technology Drive History? The Dilemma of Technological Determinism. Cambridge, MA: MIT Press.

Sparrow, Robert (2007). »Killer Robots.« In: Journal of Applied Philosophy 24, Nr. 1, S. 62–77.

Staab, Philipp (2019). Digitaler Kapitalismus. Markt und Herrschaft in der Ökonomie der Unknappheit. Berlin: Suhrkamp.

Stasieńko, Jan (2015). »Bizarre marriages: Weddings as a form of legitimization of intimate relations with non-human agents« In: La Camera Blu. Rivista Di Studi Di Genere, 11(12), S. 80–93.

Stephens-Davidowitz, Seth (2017). Everybody Lies. Big Data, New Data, and What the Internet Can Tell Us About Who We Really Are. New York: Harper Collins.

Stöcker, Christian (2018). »Die Privatisierung der Intelligenz«. In: Spiegel Online [URL: https://www.spiegel.de/wissenschaft/mensch/ki-forschung-die-privatisierung-der-intelligenz-kolumne-a-1186449.html – letzter Zugriff: 29.08.2020].

Strittmatter, Kai (2018). Die Neuerfindung der Diktatur – Wie China den digitalen Überwachungsstaat aufbaut und uns damit herausfordert. München: Piper.

SVRV (2018). »Verbrauchergerechtes Scoring« Gutachten des Sachverständigenrats für Verbraucherfragen [URL: https://www.svr-verbraucherfragen.de/dokumente/verbrauchergerechtes-scoring/ – letzter Zugriff: 28.08.2020].

Tavani, Herman (2018). »Can Social Robots Qualify for Moral Consideration? Reframing the Question about Robot Rights«. In: Information 9(4), 73 [URL: https://www.mdpi.com/2078-2489/9/4/73/htm - letzter Zugriff: 21.08.2020].

Tegmark, Max (2019). Leben 3.0. Mensch sein im Zeitalter Künstlicher Intelligenz. Berlin: Ullstein.

Teubner, Gunther (2018). »Digitale Rechtssubjekte? Zum privatrechtlichen Status autonomer Softwareagenten«. In: Archiv für die civilistische Praxis 218, Nr. 2-4, S. 155–205.

Thompson, Edward (1987). Die Entstehung der englischen Arbeiterklasse. 2 Bde. Frankfurt a.M.: Suhrkamp.

Tomasello, Michael (2009). Die Ursprünge der menschlichen Kommunikation. Frankfurt a.M.: Suhrkamp.

Tomasello, Michael (2020). Mensch werden. Eine Theorie der Ontogenese. Berlin: Suhrkamp.

Traiger, Saul (2000). »Making the Right Identification in the Turing Test«. In: Minds and Machines 10, S. 561–572.

Turing, Alan (1994). »Kann eine Maschine denken?«. In: Künstliche Intelligenz. Philosophische Probleme. Hg. von Walter Ch. Zimmerli und Stefan Wolf. Stuttgart: Reclam, S. 5–38.

Turkle, Sherry (1984). Die Wunschmaschine. Der Computer als zweites Ich. Reinbek bei Hamburg: Rowohlt.

Turkle, Sherry (2011). »Authenticity in the Age of Digital Companions« In: Machine Ethics. Hg. von Michael Anderson und Susan Anderson. Cambridge: Cambridge University Press, S. 62–76.

Turkle, Sherry (2012). Verloren unter 100 Freunden. Wie wir in der digitalen Welt seelisch verkümmern. München: Riemann.

Turkle, Sherry (2015). Reclaiming Conversation. The Power of Talk in a Digital Age. New York: Penguin.

Varian, Hal (2010). »Computer Mediated Transactions«. In: American Economic Review 100, Nr. 2, S. 1–10.

Varian, Hal (2014). »Beyond Big Data«. In: Business Economics 49, Nr. 1, S. 27–31.

Verbeek, Peter-Paul (2005). What Things Do. Philosophical Reflections on Technology, Agency, and Design. University Park: Pennsylvania State University Press.

Verbraucherzentrale Bundesverband (2020). »Weißbuch zur Künstlichen Intelligenz. Vorschläge des Verbraucherzentrale Bundesverbandes (vzbv) zur Gestaltung eines europäischen Rechtsrahmens zur Künstlichen Intelligenz« [URL: https://www.vzbv.de/sites/default/files/downloads/2020/07/27/20-06-30_vzbv_stellungnahme_weissbuch_ki.pdf – letzter Zugriff: 03.09.2020].

Volland, Holger (2018). Die kreative Macht der Maschinen. Weinheim: Beltz.

von Leitner, Felix (2020). »Digitale Souveränität zum Schnäppchenpreis – von Europa und Mozilla«. In: Heise Online vom 19.08.2020 [URL: https://www.heise.de/meinung/Kommentar-Digitale-Souveraenitaet-zum-Schnaeppchenpreis-von-Europa-und-Mozilla4874038.html?seite=all – letzter Zugriff: 10.09.2020].

Wagner, Jens (2020). Legal Tech und Legal Robots. Der Wandel im Rechtswesen durch neue Technologien und Künstliche Intelligenz. 2. Aufl. Wiesbaden: Springer.

Wallach, Wendel und Collin Allen (2009). Moral Machines. Teaching Robots Right from Wrong. Oxford u.a.: Oxford University Press.

Walmsley, Joel (2012). Mind and Machine. London u.a.: Palgrave Macmillan.

Weizenbaum, Joseph (1966). »ELIZA – A Computer Program For the Study of Natural Language Communication Between Man And Machine.« In: Communications of the ACM 9, Nr. 1, S. 36–45.
Weizenbaum, Joseph (1978). Die Macht der Computer und die Ohnmacht der Vernunft. Frankfurt a.M.: Suhrkamp.
Weizenbaum, Joseph (2001). Computermacht und Gesellschaft. Freie Reden. Frankfurt a.M.: Suhrkamp.
Wiener, Norbert (1960). »Some Moral and Technical Consequences of Automation«. In: Science 131, Nr. 3410, S. 1355–1358.
Wilks, Yorick (2018). »Language and communication«. In: The Cambridge Handbook of Artificial Intelligence. Hg. von Keith Frankish und William Ramsey. 3. Aufl. Cambridge u.a.: Cambridge University Press, S. 213–231.
Winograd, Terry (1971). »Procedures as a Representation for Data in a Computer Program for Understanding Natural Language«. In: MIT AI Technical Report 235, February 1971.
Winograd, Terry (1972). »Understanding Natural Language«. In: Cognitive Psychology 3, S. 1–191.
Winston, Patrick (1992). Artificial Intelligence. 3. Aufl. Reading, MA u.a.: Addison-Wesley.
Wischmeyer, Thomas und Timo Rademacher (Hg.) (2020). Regulating Artificial Intelligence. Cham: Springer.
Wittgenstein, Ludwig (2003). Philosophische Untersuchungen. Frankfurt a.M.: Suhrkamp.
Wylie, Christopher (2019). Mindf*ck. Cambridge Analytica and the Plot to Break America. Inside Cambridge Analytica's Plot to Break the World. New York: Random House.
Yampolskiy, Roman (2015). Artificial Superintelligence. A Futuristic Approach. Boca Raton, FL: CRC.
Yampolskiy, Roman (Hg.) (2018). Artificial Intelligence. Safety and Security. Boca Raton, FL: CRC.
Yudkowsky, Eliezer (2001). »Creating Friendly AI 1.0: The Analysis and Design of Benevolent Goal Architectures.« The Singularity Institute, San Francisco, CA, June 15 [URL: http://intelligence.org/files/CFAI.pdf – letzter Zugriff: 23.07.2020].
Zuboff, Shoshana (1988). In the Age of the Smart Machine. The Future of Work and Power. New York: Basic Books.

Zuboff, Shoshana (2015). »Big Other. Surveillance Capitalism and the Prospects of an Information Civilization«. In: Journal of Information Technology 30, S. 75–89.

Zuboff, Shoshana (2019). The Age of Surveillance Capitalism. The Fight for a Human Future at the New Frontier of Power. London: Profile.

Zuboff, Shoshana und James Maxmin (2004). The Support Economy. Why Corporations Are Failing Individuals and the Next Episode of Capitalism. New York: Penguin.

Zweig, Katharina (2019). Ein Algorithmus hat kein Taktgefühl. Wo künstliche Intelligenz sich irrt, warum uns das betrifft und was wir dagegen tun können. München: Heyne.

Sebastian Rosengrün, Dr. phil., ist Postdoc an der Universität Augsburg und arbeitet an einem Habilitationsprojekt zum Menschenbild der Künstlichen Intelligenz. Zuvor war er Senior Lecturer für digitale Technikphilosophie im Bereich *Science, Technology, Society* an der CODE University of Applied Sciences in Berlin und hat dort von 2017 bis 2024 ein Liberal-Arts-Programm für Studierende der digitalen Produktentwicklung aufgebaut. Er programmiert nicht nur Künstliche Intelligenzen, sondern lehrt und forscht vor allem dazu, wie die Digitalisierung Mensch und Gesellschaft verändert. 2018 hat er seine von der Studienstiftung des deutschen Volkes geförderte Promotion zur Philosophie Saul Kripkes an der Universität Bamberg abgeschlossen. Veröffentlichungen u.a.: *Kripkes Metaphysik Möglicher Welten*. Berlin: De Gruyter 2019; *Digitalisierung. Die 101 wichtigsten Fragen* (zus. mit Fabian Geier). München: C.H. Beck 2023. Weitere Informationen und Kontakt: www.rosengruen.eu